自然资源部油气资源战略研究中心
Strategic Research Center of Oil and Gas Resources, MNR

中国油气 2024

娄 钰 高 煖 王彧嫣 王峤泓
白 羽 杨丽丽 丁 锋 孔 宁 等编著

地质出版社
·北 京·

图书在版编目(CIP)数据

中国油气. 2024 / 娄钰等编著. -- 北京：地质出版社, 2025. 5. -- ISBN 978-7-116-14547-4

Ⅰ. F426.22

中国国家版本馆 CIP 数据核字第 2025QP8348 号

ZHONGGUO YOUQI 2024

责任编辑：顾秋蓓
责任校对：关风云
出版发行：地质出版社
社址邮编：北京市海淀区学院路 31 号，100083
电　　话：(010)66554649（邮购部）；(010)66554571（编辑部）
网　　址：https://www.gph.clmpg.com
传　　真：(010)66554576
印　　刷：北京地大彩印有限公司
开　　本：710mm × 1000mm　1/16
印　　张：8.5
字　　数：200 千字
版　　次：2025 年 5 月北京第 1 版
印　　次：2025 年 5 月北京第 1 次印刷
定　　价：158.00 元
书　　号：ISBN 978-7-116-14547-4

前言

QIANYAN

2024年，全球油气市场在地缘政治和供需波动中呈现复杂态势，机遇与挑战并存。中国油气行业以稳产保供和绿色低碳转型为核心，确保油气资源安全，持续推进高质量发展。

这一年，全球油气供需格局深化调整。受地区动荡加剧、“OPEC+”[1]减产等因素影响，国际油气价格总体震荡下行，全球油气供需基本平衡，消费增速油降气升。中国石油消费增速下降，原油进口和加工量小幅回落，天然气消费快速增长，仍为全球最大液化天然气（LNG）进口国。国内油气管道建设里程稳步增长，储气调峰能力持续增强，为保障油气供应安全打下坚实基础。

这一年，增储上产仍是中国油气勘探开发的主旋律。油气找矿突破成果丰硕，主要含油气盆地和海域取得多项重要成果，石油新增探明地质储量14.39亿吨，天然气新增探明地质储量1.1万亿立方米，保持高位增长。石油产量2.13亿吨，连续3年超过2亿吨；天然气产量2464亿立方米，连续8年增产超过100亿立方米，油气自主供应能力持续提升。

[1] “OPEC+”为石油输出国组织（欧佩克，OPEC）成员国与非OPEC产油国组成的联盟，旨在通过协调产量政策稳定全球石油市场。

这一年，油气理论技术创新为高质量发展注入强劲动力。深层、深水等勘探领域理论创新持续推进，储层评价、增产提效等技术有力支撑高效勘探和效益建产。国产装备研发获重要突破，一大批国产油气技术装备投产应用，油气行业数智化、绿色化转型迈出新步伐。

这一年，油气资源管理工作持续推进。基础调查取得新进展，“十四五”资源评价主体工作全面完成。油气探矿权竞争出让力度持续加大，全年新立油气探矿权面积约4万平方千米，油气采矿权新增面积约8000平方千米，增储上产基础不断夯实。油气矿业权登记、勘查开采信息公示以及矿产资源储量管理不断完善。《中华人民共和国矿产资源法》（简称《矿产资源法》）修订、《中华人民共和国能源法》（简称《能源法》）经全国人大审议通过，能源领域法治建设再上新台阶。

为全面梳理2024年国内外油气勘查开采进展情况，记录中国油气发展轨迹，勾勒中国油气发展脉络，自然资源部油气资源战略研究中心（简称油气中心）组织编写了《中国油气2024》。本书主要由供需形势、勘查开采、理论技术装备、资源管理、政策法规五个板块组成，涵盖85个专题、12个专栏，为油气行业研究和矿政管理提供借鉴。

全书引用了大量公开资料，主要参阅了自然资源部、国家发展和改革委员会（简称国家发展改革委）、国家统计局、国家能源局、海关总署、油气中心、中国石油和化学工业联合会，以及国际货币基金组织（IMF）、国际能源署（IEA）、欧佩克（OPEC）、美国能源信息署（EIA）、美国贝克休斯公司（Baker Hughes）、标准普尔（S&P）等机构发布的数据。

需要说明的是，由于资料来源不同、定义不同，同一指标数据可能有所差异。本书中的原油（crude oil）是指碳氢化合物的混合物，作为液体存在于地下地质构造中，当被带到地表时仍然是液体。石油的定义比原油更加广泛，通常包括原油和其他液体产品。如，在供需形势部分，EIA等能源机构统计的储/产量包括原油、凝析油和天然气液（NGLs）等；在勘查开采部分，石油包括原油和凝析油，天然气包括气层气和溶解气。

本书由苏迅统筹谋划，景东升组织实施。前言由杨丽丽、娄钰执笔；供需形势部分由娄钰执笔；勘查开采和附录部分由王彧嫣、白羽、樊大磊执笔；理论技术装备部分由高煖执笔；资源管理和政策法规部分由王峤泓、韩亚琴执笔。丁锋、杨丽丽、孔宁、娄钰、王伟铭负责全书统稿。苏迅、景东升、袁际华、陈华明、孟刚、申延平等领导、专家提出了宝贵修改建议。樊大磊、王宗礼、李文博、张晨朔、李登华、郑志红、张道勇、郭海晓、贺旎妮、司芗、高阳、竺成林、门相勇、郭威、王永臻、任思达、梁杰、郭文建、韩强、郭继刚等提供了咨询及相关材料。

本书编写期间，得到了自然资源部相关司局及单位，国内石油企业、矿山企业、科研院所领导、专家、研究人员的指导与帮助，在此一并表示感谢！

受成稿时间所限，书中数据为2024年度初步统计数据。全国性统计数据未包括香港特别行政区、澳门特别行政区和台湾省。部分数据因四舍五入，存在总数与分项合计不完全一致的情况。

受作者水平所限，加之时间仓促，对一些问题的研究和认识还不够深入，难免存在不足之处，敬请各位读者多提宝贵意见。

2025年2月

目录

MULU

一 供需形势

2024年，全球经济增长放缓，俄乌冲突胶着，巴以冲突外溢升级，地缘政治动荡对全球油气供应链产业链造成一定冲击。全球油气市场主导因素逐步从地缘政治风险转向供需关系，原油价格小幅下降，天然气价格持续回落，石油消费增速放缓，天然气消费增长加速。中国经济运行稳中有进，石油消费小幅下降，天然气消费快速增长，油气基础设施建设加快，储气调峰能力不断增强。

- **全球油气消费区域分化，亚太成需求增量引擎**
- **全球石油产量增速放缓，天然气产量稳步增长**
- **原油价格窄幅震荡下行，天然气价格持续下降**
- **中国油气保持稳产增产，天然气消费快速增长**
- **中国原油进口小幅下降，天然气进口创新高**
- **油气基础设施建设成效显著，炼化产业结构调整**

（一）全球油气供需

01 全球经济增速放缓

2024 年，全球经济同比增长 3.2%，保持增长韧性，略低于 2023 年 3.3% 的水平[1]。

● 发达经济体（AEs）经济增速为 1.7%，与往年持平。其中，美国增长 2.8%，欧元区增长 0.8%，日本下降 0.2%。

● 新兴市场和发展中经济体（EMDEs）经济增速为 4.2%，下降 0.2 个百分点。其中，中国增长 5.0%❶，印度增长 6.5%，俄罗斯增长 3.8%，巴西增长 3.7%。

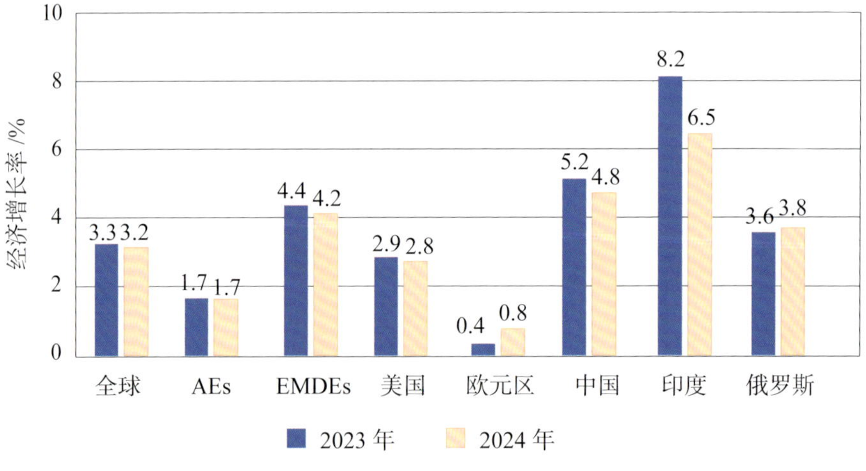

2023—2024 年全球及主要国家经济增速
（资料来源：IMF）

❶ 国家统计局统计 2024 年中国经济增长 5.0%，IMF 估算为 4.8%。

02 上游投资小幅下降

受地缘政治冲突、能源转型和消费增长放缓等因素影响，2024年，全球油气上游投资5538亿美元[2]，同比下降2.5%；全球活动钻机数1734台[3]，同比下降4.3%。

- 从区域变化看，俄罗斯、北美洲、亚太和中东等国家（地区）投资下降，拉丁美洲、非洲和欧洲投资增长。北美洲活动钻机数787台，同比下降9.0%。

- 从领域变化看，陆上投资降幅较大，海域投资保持增长。陆上投资约3520亿美元，占投资总量的63.5%，同比减少7.9%；活动钻机数1496台，同比下降4.5%。海域投资2020亿美元，占投资总量的36.5%，同比增长8.6%；活动钻机数238台，同比下降3.0%。

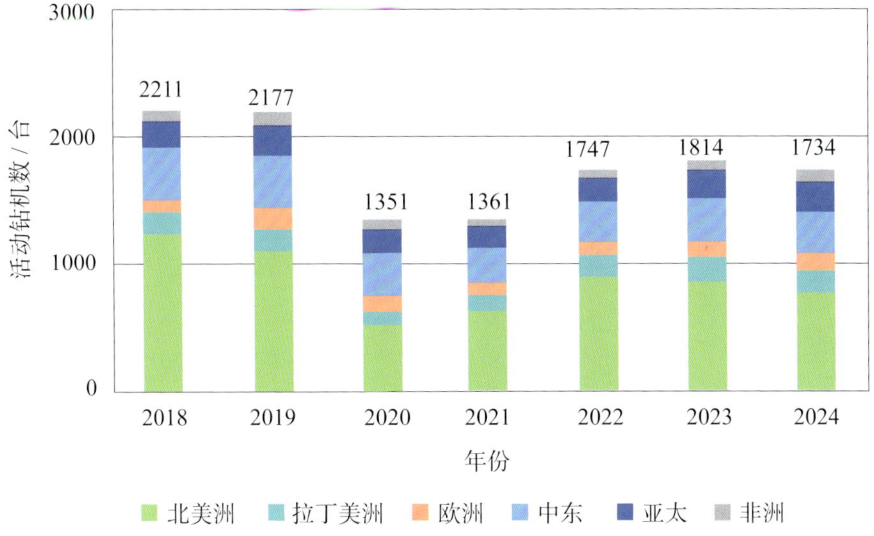

2018—2024年全球活动钻机数

（资料来源：S&P，Baker Hughes）

03 勘探发现储量下滑

2024 年，全球共获得 168 个油气发现，新增油气可采储量 11.9 亿吨油当量。

● 油气勘探重大发现大幅减少。与 2023 年 277 个油气发现相比减少 109 个，降幅 39%。前十大油气发现主要位于非洲、美洲地区，其中陆上发现占据 3 席、海上发现占据 7 席。

● 新增油气可采储量同比下滑。较 2023 年 17.7 亿吨油当量下降近 5.8 亿吨油当量，降幅 33%。

2024 年全球十大油气发现

序号	国家	发现井	发现者	海 / 陆	油气类型	2P[1] 储量 百万吨
1	纳米比亚	Mopane 1X	盖尔普能源公司	海上	油气	182
2	美国	Ahpun Topset East	大熊石油公司	陆上	油气	162
3	科威特	Al-Nokhatha 1	科威特石油公司	海上	油气	124
4	纳米比亚	Mangetti 1X	道达尔能源公司	海上	油气	73
5	科特迪瓦	Murene 1X (Calao)	埃尼公司	海上	油气	60
6	俄罗斯	Ilginskoye	俄气公司	陆上	天然气	57
7	圭亚那	Bluefin 1	埃克森美孚	海上	石油	52
8	玻利维亚	Mayaya Centro X1	玻利维亚石油公司	陆上	天然气	42
9	苏里南	Fusaea 1	马来西亚国家石油公司	海上	油气	41
10	印度尼西亚	Tangkulo 1	MP 有限公司	海上	天然气	38

资料来源：S&P，中国石油集团经济技术研究院。

[1] 2P 指已探明储量和预测储量之和，反映了对资源的整体认识。

04 石油产量小幅增长

2024 年，全球石油产量 51.21 亿吨❶，同比增长 0.29 亿吨，增速放缓降至 0.6%。其中，“欧佩克 +”产量 21.27 亿吨，占全球 41.5%；非“欧佩克 +”国家产量 29.95 亿吨，占全球 58.5%[4]。

- 美国、沙特阿拉伯、俄罗斯产量占全球 40% 以上。美国产量同比增长 3.3%，占全球 21.5%；沙特阿拉伯下降 4.1%，占全球 10.4%；俄罗斯下降 3.4%，占全球 10.2%。

- 美洲产量持续增长。美国是产量增长最多的国家，达 0.36 亿吨，其次为伊朗（0.24 亿吨）、加拿大（0.12 亿吨）、圭亚那（0.11 亿吨）；沙特阿拉伯和俄罗斯是产量下降最多的国家，分别减产 0.23 亿吨和 0.19 亿吨。

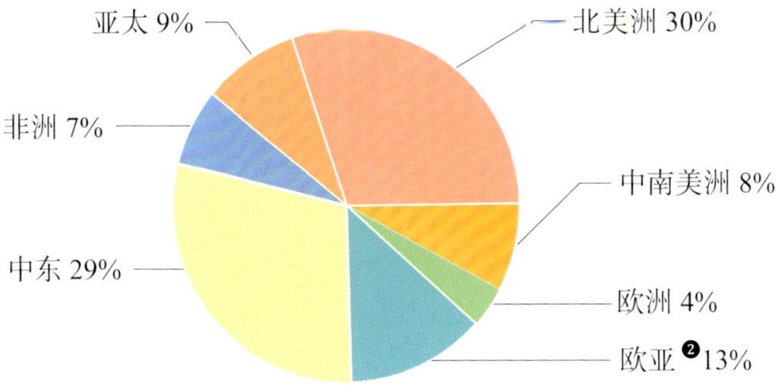

2024 年全球石油产量分布
（数据来源：EIA）

❶ 数据来自 EIA *Short-Term Energy Outlook*，石油包括原油、凝析油及天然气液等。

❷ 国际能源署（IEA）与美国能源信息署（EIA）在欧亚地区的定义上有所不同。EIA 定义的欧亚地区包括俄罗斯、中亚五国（哈萨克斯坦、吉尔吉斯斯坦、塔吉克斯坦、土库曼斯坦、乌兹别克斯坦）、外高加索三国（格鲁吉亚、亚美尼亚、阿塞拜疆）、波罗的海三国（爱沙尼亚、拉脱维亚、立陶宛）、白俄罗斯、乌克兰和摩尔多瓦等。IEA 定义的欧亚地区则涵盖俄罗斯、中亚五国和外高加索三国，而波罗的海三国、白俄罗斯、乌克兰等国家被归入欧洲地区。这种划分差异可能会对相关能源数据统计、分析产生一定影响，需要在使用数据时予以关注。

05 天然气产量稳步增长

2024 年，全球天然气产量约 4.2 万亿立方米，较 2023 年增加 560 亿立方米，同比增长 1.3%，增速上升近 1 个百分点 [5]。

● 美国和俄罗斯产量占全球 40% 以上。美国产量 1.1 万亿立方米，约占全球 1/4；俄罗斯产量 0.7 万亿立方米，约占 16.7%。

● 俄罗斯和中东产量增长明显。俄罗斯产量恢复性增长 450 亿立方米，出口恢复是主要动力；中东产量增长 160 亿立方米，增长主要来自伊朗、沙特、阿曼和以色列等国家。

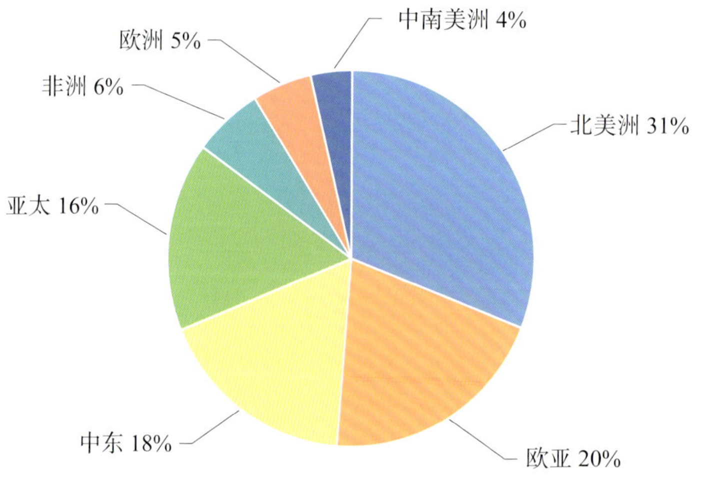

2024 年全球天然气产量分布

（数据来源：IEA）

06 石油消费增速放缓

2024年，全球石油消费51.18亿吨，同比增长0.9%，增速下降1.5个百分点；石油消费增长0.46亿吨，主要来自非经济合作与发展组织（OECD）国家[4]。

● 亚太支撑全球消费增长。亚太消费增长0.26亿吨，增速从4.8%降至1.4%。其中，印度增长0.11亿吨，同比增长4.2%，成为推动石油消费增长的新引擎。

● 北美洲消费相对平稳。美国消费量占全球20%，为全球最大石油消费国，同比增长0.1%。

● 欧洲消费恢复稳定。同比增长0.4%，宏观经济增长乏力和能源转型抑制欧洲石油消费。

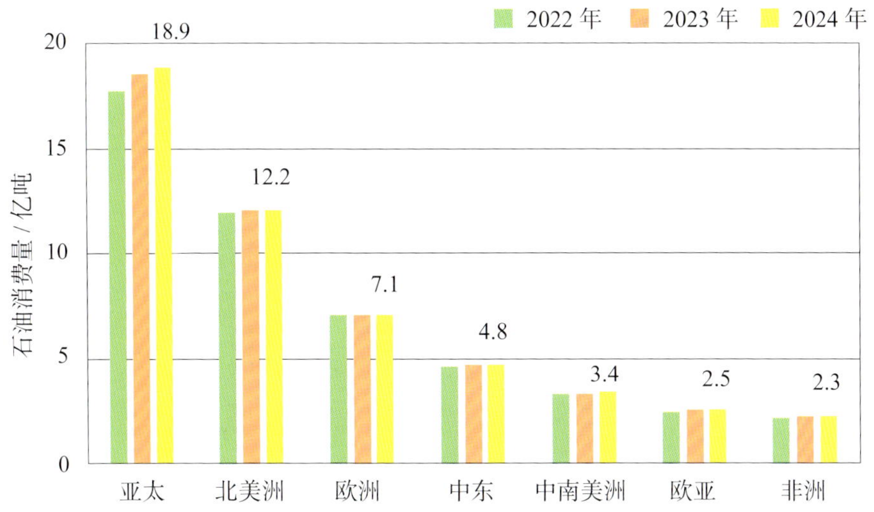

2022—2024年全球主要地区石油消费量

（数据来源：EIA）

07 天然气消费增长加速

2024 年，全球天然气消费总量 4.21 万亿立方米，较 2023 年增加超 1100 亿立方米，同比增长 2.6%，增速提高近 2 个百分点[5]。

- 北美洲是全球最大的消费市场。消费量为 11780 亿立方米，占全球 28.0%，同比增长 1.8%，增长主要来自工业和电力部门。
- 亚太消费较快增长。消费量为 9560 亿立方米，占全球 22.7%，同比增长 5.5%，增长主要来自中国和印度。
- 欧洲消费止跌企稳。消费量为 4900 亿立方米，占全球 11.6%，同比增长 0.5%，工业部门消费回升，发电用气消费下降。

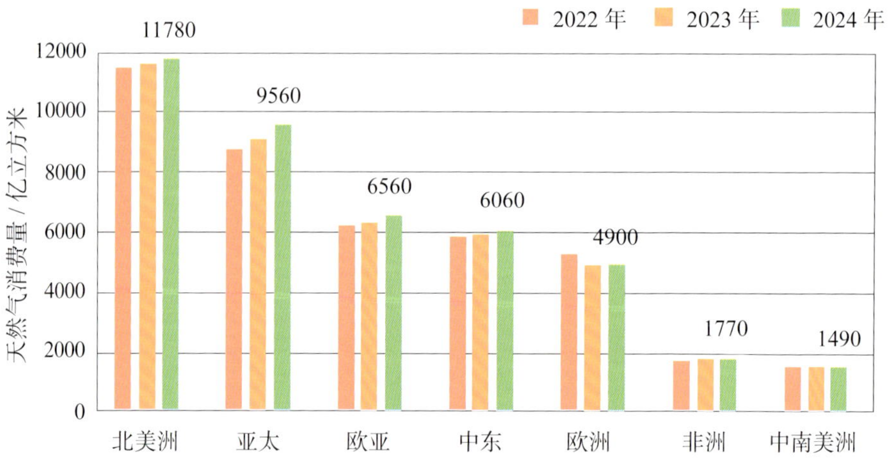

2022—2024 年全球主要地区天然气消费量

（数据来源：IEA）

08 国际油价小幅下滑

2024 年国际油价受到地缘政治冲突、季节消费转换、产油国生产策略调整等短期因素，以及宏观经济走势、能源低碳转型、供需格局重塑等中长期趋势影响，呈现区间震荡、冲高回落、重心下移的特点。

- 布伦特原油现货均价 80.5 美元 / 桶[1]，同比下降 2.4%；最高点 93.1 美元 / 桶，最低点 70.3 美元 / 桶。
- 西得克萨斯中质原油（WTI）现货均价 76.6 美元 / 桶，同比下降 1.2%；最高点 87.7 美元 / 桶，最低点 66.7 美元 / 桶。

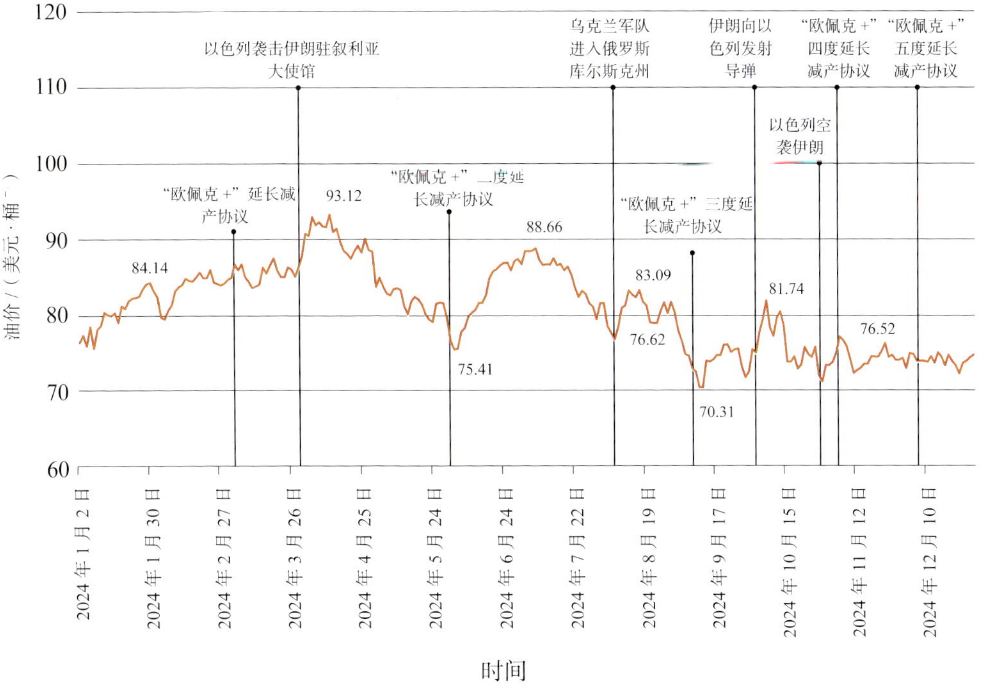

2024 年国际油价变动情况

（数据来源：EIA）

[1] 1 桶 =158.9881 升。

09 天然气价格持续下降

2024 年，全球天然气价格总体回落，年内呈先抑后扬、小幅上行态势。

● 1—3 月，受暖冬、供应充足等因素影响，气价显著下降；4—12 月，低气价促进消费增长，巴以冲突、红海航道危机等地缘政治冲突加大供应链风险，导致气价震荡小幅上升。

● 美国 HH❶、荷兰 TTF❷ 和日本 LNG 到岸价全年均价分别为 2.1 美元 / 百万英制热单位❸、10.4 美元 / 百万英制热单位和 12.9 美元 / 百万英制热单位，同比下降 16.6%、20.9% 和 10.3%。其中，美国气价为 2000 年以来次低值，仅高于 2020 年水平。

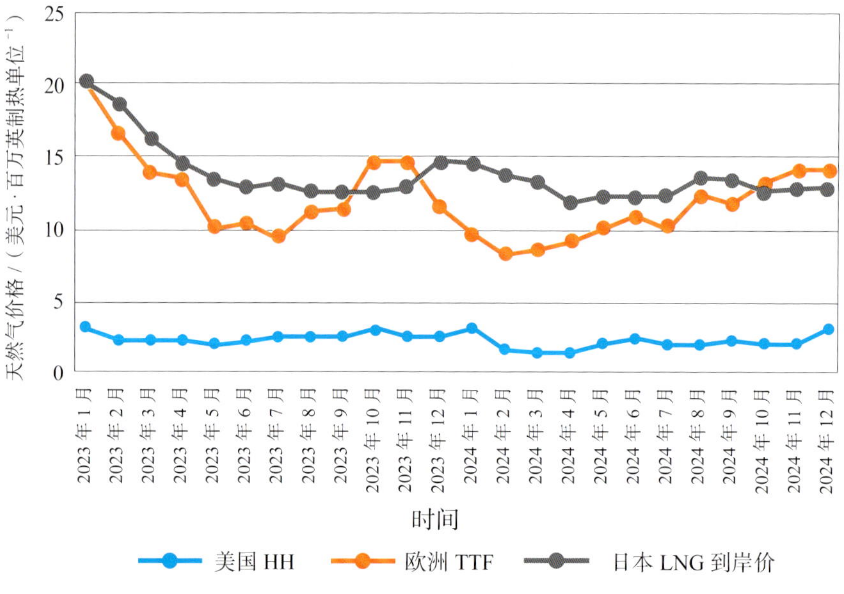

2023—2024 年全球天然气价格走势

（数据来源：世界银行）

---

❶ 美国 HH 指美国亨利枢纽天然气现货。

❷ 荷兰 TTF 指荷兰天然气交易所天然气现货。

❸ 1 英制热单位 ≈1055 焦耳。

10 油气并购热潮延续

2024年，全球油气并购交易持续升温，上游资产大型并购交易超10宗，单笔并购金额最高达到260亿美元。并购仍集中在美国页岩油气领域。

- 响尾蛇能源260亿美元收购奋进能源，成为美国第三大油气生产商。
- 康菲石油225亿美元收购马拉松石油，进一步深化了美国页岩油气产业的整合趋势。
- 斯伦贝谢收购ChampionX，扩大了油服企业在不确定性市场中的影响力。

2024年以来全球油气并购重组主要交易情况

公司	交易	公布日期	交易金额 亿美元
阿帕奇	全股票交易收购卡隆石油	1月	45
切萨皮克能源	与西南能源达成合并协议	1月	74
响尾蛇能源	收购奋进能源	2月	260
EQT	全股票交易收购Equitrans	3月	55
斯伦贝谢	全股票交易收购ChampionX	4月	78
康菲石油	全股票交易收购马拉松石油	5月	225
Noble	收购Diamond海上钻井	6月	16
德文能源	并购格雷森米尔能源威利斯顿盆地业务	7月	50
Ovintiv	收购派拉蒙资源Montney页岩区资产	11月	24

11 油气贸易格局持续调整

2024年，地缘政治紧张局势推动贸易关系持续重组，航运供应链不确定性上升，对油气贸易产生了重大影响。

● 美洲与欧洲石油贸易联系加强。美西方加大对“影子船队”制裁，遏制俄罗斯石油出口，红海航道危机导致航运成本上升、运力紧张。俄罗斯和中东对欧洲石油出口下降。美洲石油增产弥补了欧洲进口缺口，美国对欧洲石油出口同比增长超40%。俄罗斯石油出口更加依赖中国和印度。全球石油市场分裂加深。

● 天然气贸易重心向亚太地区转移。天然气消费“东升西降”，推动亚太管道气和LNG进口较快增长。俄罗斯对中国管道气出口超过310亿立方米。美国对中国LNG出口全年增长34.0%，对印度LNG出口增长超70%。卡塔尔对中国LNG出口增长10.1%。

专栏1 圭亚那成为全球石油供应增长的重要贡献者

自2019年12月深水油田Liza投产以来，圭亚那石油产量快速增长。2020—2024年，圭亚那石油产量从371万吨增至3070万吨，年均增加675万吨。2024年，圭亚那石油产量同比增长约1100万吨，成为全球石油产量增量第四大贡献国[6]。此外，圭亚那石油出口快速上升，2021—2023年原油出口年均增长82%，2023年达到1842万吨，出口目的地主要是美国、荷兰和德国等国家[7]。

圭亚那石油开发目前集中在斯塔布鲁克（Stabroek）区块（2014年中国海油获得该区块25%的权益），已开发项目均属于深水–超深水领域，盈亏平衡价格据估算为25~35美元/桶，具有较大的投资吸引力。随着新项目投产，预计2027年圭亚那石油日产量将提升至近6500万吨，未来三年年均增长1100万吨，短期产能将持续快速扩张，增强全球石油供应能力。

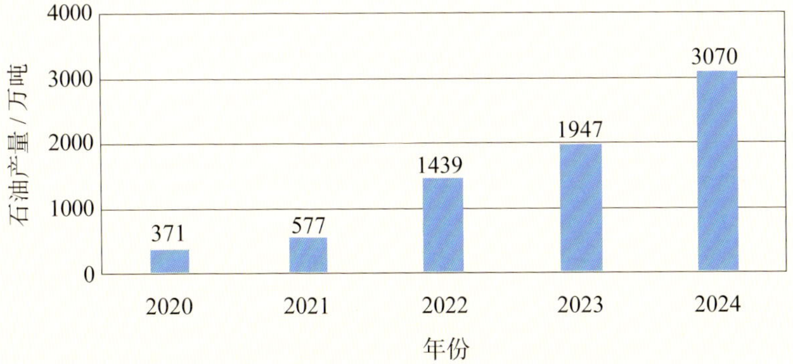

2020—2024年圭亚那石油产量
（数据来源：EIA）

专栏 2 “欧佩克 +”维持减产稳定油价

2024 年，为防止增产计划冲击油价，“欧佩克 +”五度延长自愿减产协议。2024 年底，“欧佩克 +”成员国共减产 586 万桶 / 日。其中，200 万桶 / 日集体减产、166 万桶 / 日自愿减产目标延长至 2026 年底，220 万桶 / 日自愿减产计划延长至 2025 年 3 月底。

持续减产推高欧佩克闲置产能。2024 年，欧佩克闲置产能从一季度的 440 万桶 / 日增至四季度的 473 万桶 / 日，2010 年、2020 年闲置产能最高分别为 545 万桶 / 日和 612 万桶 / 日[8]。闲置产能主要来自沙特阿拉伯、阿拉伯联合酋长国、科威特等国家。高闲置产能和低需求增速，将压缩 2025 年油价上涨空间，加大油价下行压力。

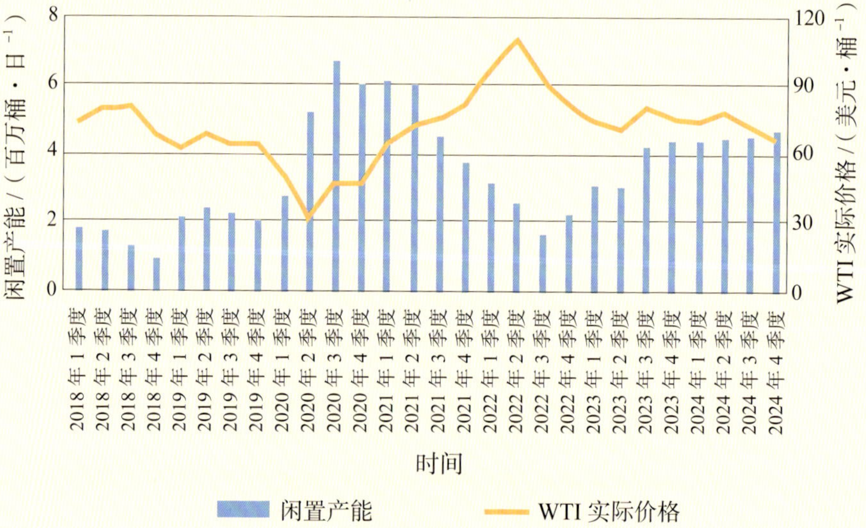

2018—2024 年欧佩克闲置产能季度变化
（数据来源：EIA）

专栏3 政策调整推动美国化石能源供应增长

2024年，特朗普赢得总统选举，新一届美国政府能源政策发生转变：

一是鼓励化石能源生产，包括放松环境监管，解除油气开发要素限制，加快油气管网、LNG基础设施建设。

二是重塑有利于美国的国际能源贸易格局，通过贸易谈判捆绑，强化美国与欧盟、中国、印度等国家或地区能源贸易联系，加大油气出口力度。

三是调整美国新能源产业政策，包括减少或取消可再生能源、电动汽车产业的财税优惠支持。

四是调整外交政策。对伊朗、委内瑞拉采取新的制裁措施，扩大美国石油出口空间。

此外，特朗普上台后加大关税壁垒，抑制全球经济和贸易复苏，影响油气需求增长。

总体看，特朗普能源政策有望推动美国油气产量增长，导致国际油价承压，有利于提升美国在全球油气市场的影响力。

（二）中国油气供需

12 中国经济稳中有进

2024年，中国经济总量稳步提升，国内生产总值比上一年增长5.0%，经济规模首次突破130万亿元，达到134.9万亿元，经济实力、科技实力、综合国力、人民生活水平跃上新台阶[9]。对世界经济增长贡献率保持在30%左右，继续成为世界经济增长最大引擎。

●从分产业看，第一产业生产总值为9.1万亿元，比上一年增长3.5%；第二产业生产总值为49.2万亿元，比上一年增长5.3%；第三产业生产总值为76.6万亿元，比上一年增长5.0%。

●从增加值看，中国规模以上工业增加值同比增长5.8%，采矿业增加值同比增长3.1%，制造业增加值同比增长6.1%，电力、热力、燃气及水生产和供应业增加值同比增长5.3%。

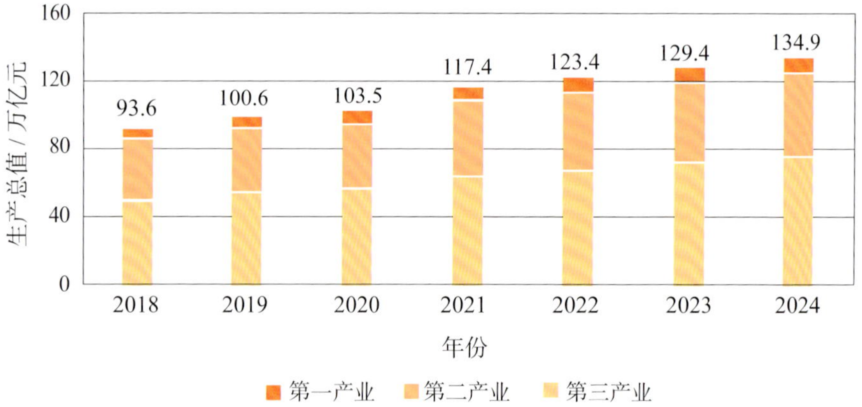

2018—2024年中国国内生产总值
（数据来源：国家统计局）

13 能源生产总量稳步增长

2024年，中国能源生产总量49.8亿吨标准煤，同比增长3.1%。规模以上工业煤油气电等主要能源产品产量均保持增长，能源保障全面增强[9]。其中，油气产量首次超过4亿吨油当量。

- 原煤产量47.6亿吨（33亿吨标准煤），创历史新高，同比增长1.3%。
- 原油产量2.13亿吨（3亿吨标准煤），同比增长1.8%，连续3年稳产2亿吨以上。
- 天然气产量2464亿立方米（3亿吨标准煤），同比增长6.2%，连续八年增产超100亿立方米。
- 发电量9.4万亿千瓦时（11.6亿吨标准煤），同比增长4.6%。其中，清洁能源发电3.1万亿千瓦时（3.8亿吨标准煤），比上一年增长11.6%。

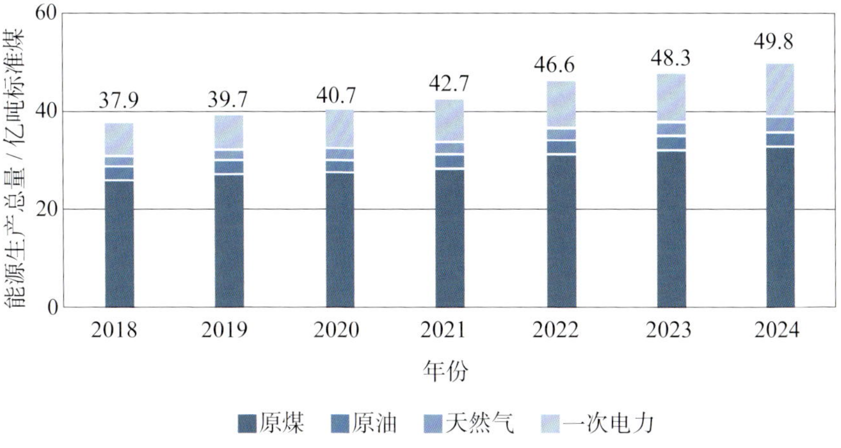

2018—2024年中国能源生产总量

（数据来源：国家统计局）

14 能源消费持续低碳转型

2024年，中国能源消费总量达59.6亿吨标准煤，同比增长4.2%。清洁低碳能源消费占比不断提高，能源消费结构向清洁低碳转型趋势明显[9]。

- 煤炭消费量31.7亿吨标准煤，占能源消费总量的53.2%，下降1.6个百分点。
- 石油消费量10.8亿吨标准煤，占能源消费总量的18.2%，下降0.5个百分点。
- 天然气消费量5.2亿吨标准煤，占能源消费总量的8.8%，上升0.3个百分点。
- 非化石能源消费量11.8亿吨标准煤，占能源消费总量的19.8%，上升1.9个百分点。

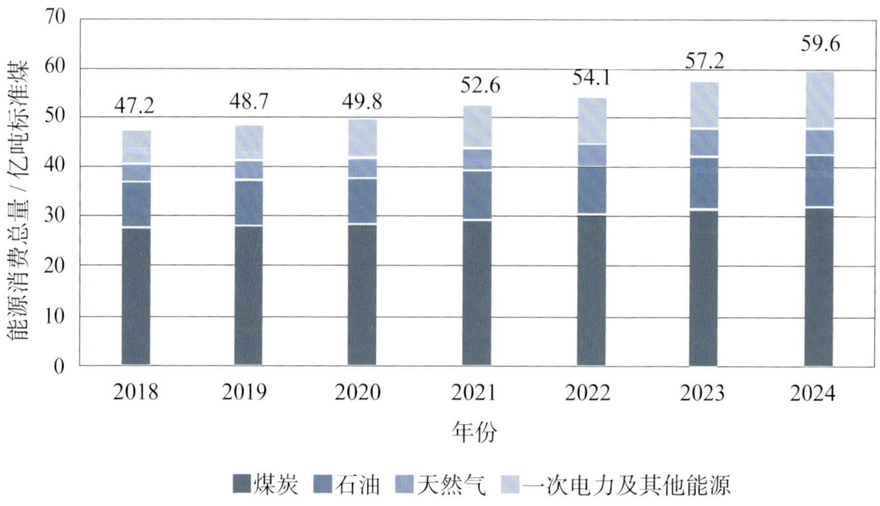

2018—2024年中国能源消费总量

（数据来源：国家统计局）

15 石油消费小幅下降

2024 年，受经济转型和能源转型影响，石油消费小幅下降。全年原油表观消费量 7.64 亿吨，同比下降 1.0%。石油表观消费量 7.55 亿吨，同比下降 0.3%。成品油（汽油、柴油、煤油）表观消费量 3.83 亿吨，同比增长 1.6%。

- 汽油表观消费量约 1.50 亿吨，同比增长 3.5%。
- 柴油表观消费量 1.96 亿吨，同比下降 1.4%。
- 煤油表观消费量 3716.8 万吨，同比增长 12.7%。

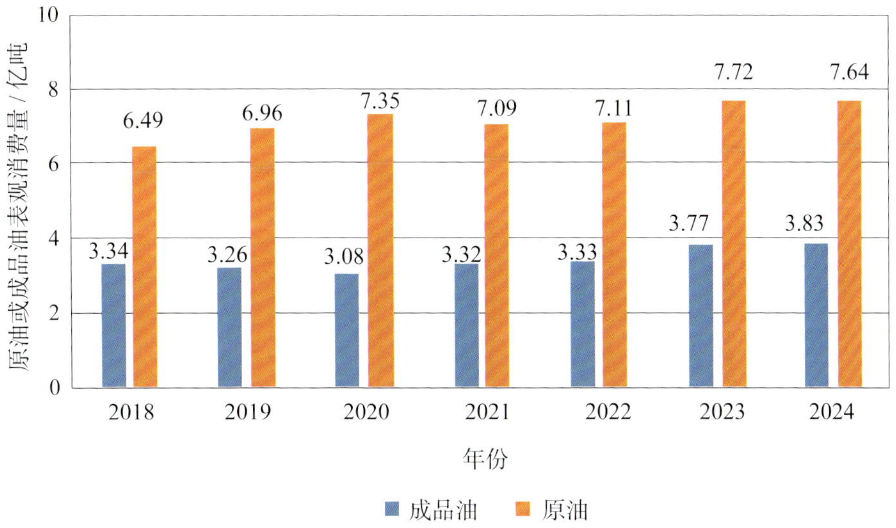

2018—2024 年中国原油和成品油表观消费量

（数据来源：中国石油和化学工业联合会）

16 天然气消费快速增长

2024年，中国能源转型持续推进，气价显著下跌，天然气需求快速增长，全年天然气表观消费量4261亿立方米，同比增长8.0%[10]。

- 从用途看，城市燃气占比约36.4%，同比增长11.2%；工业燃料占比38.7%，同比增长6.0%；发电用气占比15.7%，同比增长6.6%；化工用气占比9.3%，同比增长4.2%[2]。
- 从区域看，环渤海、长三角和东南沿海地区是主要消费地区，合计占消费量50.0%以上；由于交通用气快速增长，西北地区消费同比增长18.0%。广东、江苏、四川、山东和河北消费量位居前五。

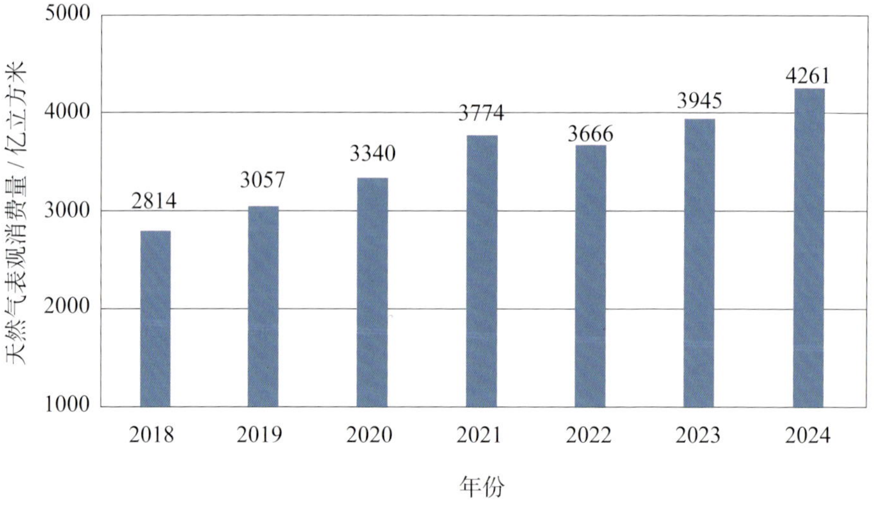

2018—2024年中国天然气表观消费量

（数据来源：国家统计局、国家发展改革委等）

17 原油进口小幅回落

2024 年，中国全年原油进口量 5.53 亿吨，同比下降 1.9%，外采率 72%；进口金额 3248 亿美元，同比下降 3.9%；进口成本约 81 美元 / 桶，同比下降 1.5%。

● 从进口集中度看，原油进口国 45 个，其中俄罗斯、沙特阿拉伯、马来西亚、伊拉克、阿曼等 10 个国家进口量超 1000 万吨，合计占总进口量的 88.4%。

● 从进口来源国看，进口俄罗斯原油 1.08 亿吨，同比增加 1.3%；进口沙特阿拉伯原油 0.79 亿吨，同比下降 8.5%；进口马来西亚原油 0.70 亿吨，同比增加 28.3%；进口伊拉克原油 0.64 吨，同比增加 7.7%。

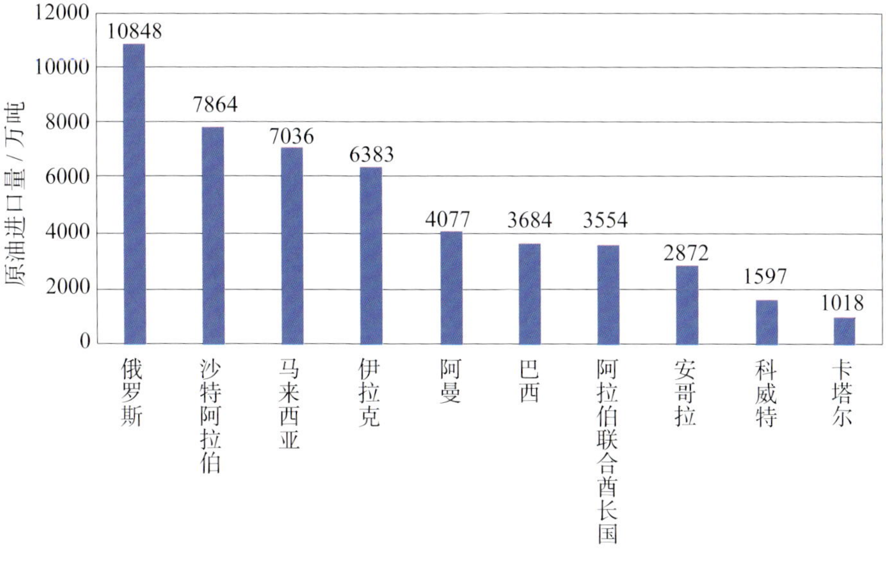

2024 年中国原油进口十大来源国

（数据来源：海关总署）

18 天然气进口创历史新高

2024年，中国全年天然气进口量1810亿立方米，同比增长9.9%。进口金额652亿美元，同比增长1.2%。

- 从进口方式看，管道气进口大幅增加至767亿立方米，占进口总量的42.4%，同比增长13.1%。LNG进口保持较快增长，进口1042亿立方米，同比增长7.7%，继续位居全球最大LNG进口国，占进口总量的57.6%。

- 从进口来源国看，LNG主要来自20个国家，其中澳大利亚、卡塔尔、马来西亚、俄罗斯、美国位列前5，交易量合计占84.4%；管道气主要来自土库曼斯坦、俄罗斯等五个国家，土库曼斯坦和俄罗斯交易金额合计占83.5%。

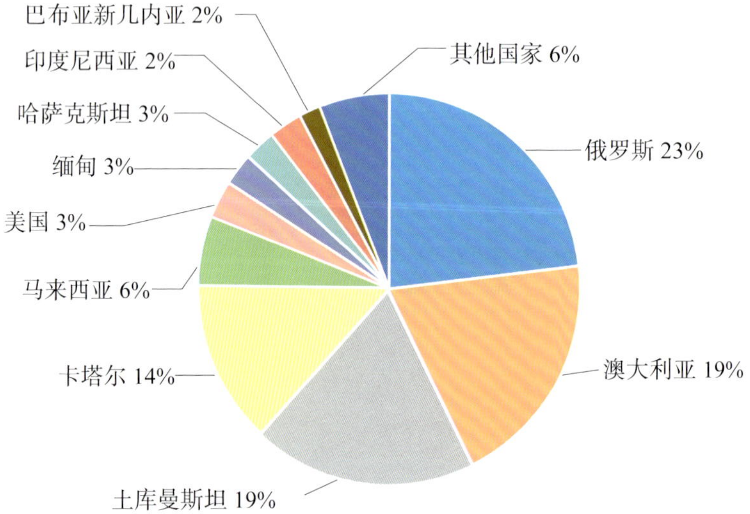

2024年中国天然气进口主要来源国
（数据来源：海关总署）

19 油气管输能力不断提升

2024年，中国长输油气管网总里程19.2万千米，其中，原油管道3.2万千米，成品油管道3.2万千米，天然气管道12.8万千米[1]。2024年，中国新建主干油气管道里程超4000千米。

- 重大油气管道工程建设取得显著进展。中俄东线天然气管道工程全线贯通，年输气能力增至380亿立方米。西气东输四线吐鲁番到哈密段成功通气，使西气东输管道系统年输送能力提高到920亿立方米。

- 油气管输互联互通增强。川气东送二线建设取得阶段性成果，环塔里木盆地天然气管道工程启动；青宁管道投产，实现了西气东输一线、川气东送、青宁管道间互联互通。

[1] 含地方及区域管道。数据来自中国石油集团经济技术研究院。

20 储气调峰能力持续增强

2024 年，中国在役储气库（群）38 座，形成储气调峰能力 270 亿立方米。累计投运 LNG 接收站 32 座，总接收能力 1.44 亿吨 / 年[2]。

● 储气调峰能力快速增长。2024 年，铜锣峡、黄草峡和中原文 24 储气库，华瀛 LNG 接收站、国家管网天津 LNG 接收站二期、漳州 LNG 接收站一期等一批储气调峰设施投产，储气调峰能力同比增长 80 亿立方米。

● LNG 接收能力显著增长。全年新投产 4 座 LNG 接收站，完成扩建 5 座 LNG 接收站，合计新增 LNG 接收能力 2350 万吨 / 年，储罐可储存约 159 亿立方米天然气。

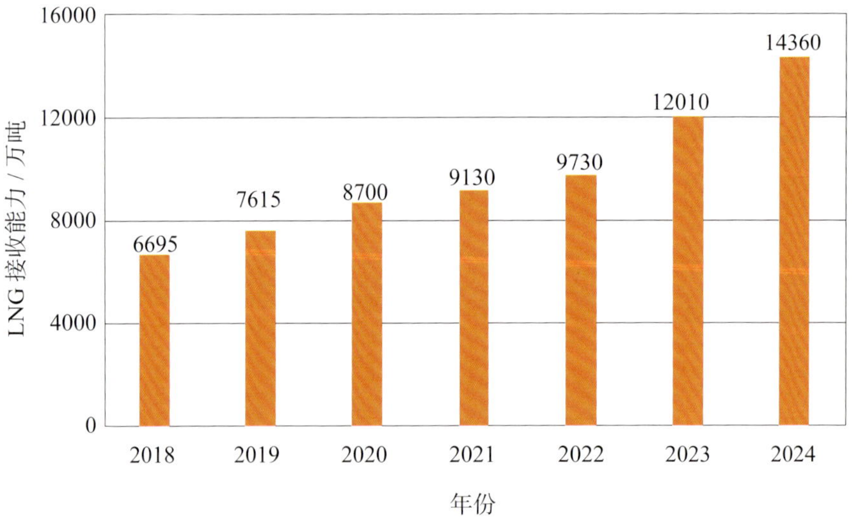

2018—2024 年中国 LNG 接收能力发展情况

（数据来源：中国石油集团经济技术研究院）

21 原油加工量小幅下降

2024年，中国原油加工量7.08亿吨，同比下降1.6%。下降原因主要是成品油需求疲软、炼油利润下滑、新能源替代加速等。

● 成品油产量、出口双降。成品油（汽油、煤油、柴油）产量为4.19亿吨，同比下降2.1%。其中，汽油产量为1.60亿吨，同比增长1.6%；柴油产量为2.03亿吨，同比下降4.0%；煤油产量为0.56亿吨，同比增长14.9%。成品油出口量为0.42亿吨，同比下降12.4%。

● 炼油行业利润显著下滑。全年吨油利润从2023年的360元/吨降至2024年的70元/吨；中国炼厂开工率从2023年的78.9%降至2024年的75.0%，其中地方炼厂降至56.8%[2]。

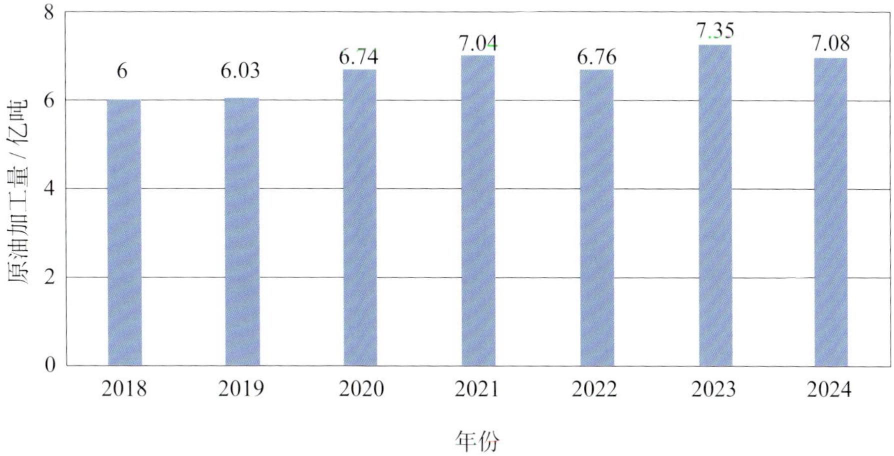

2018—2024年中国原油加工量

（数据来源：国家发展改革委、国家统计局）

22 炼化产业结构持续调整

2024年，中国炼油能力增长1930万吨/年，达到9.55亿吨/年，产能扩张接近尾声，“减油增化”趋势显著[2]。

● 炼厂持续规模化。中国千万吨及以上炼厂37家，占中国炼油总能力的56.8%，较上一年增加1个百分点。炼厂平均规模482万吨/年，同比提高10万吨/年。

● “减油增化”持续推进。落后炼油产能加速退出，化工产品比例持续增长；二次加工能力进一步提升，同比增长3790万吨/年，达到11.7亿吨/年。

● 产业集中度提升。华东炼油能力达到4.3亿吨/年，占全国的45%，较上一年增长3100万吨，占比较上一年增加2.4个百分点。

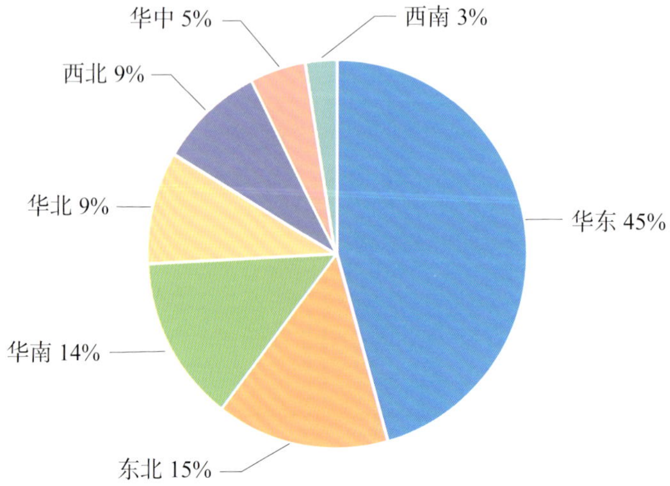

2024年中国炼厂原油一次加工能力地区分布
（资料来源：中国石油集团经济技术研究院）

专栏 4 风光发电装机容量提前完成 2030 年规划目标

2024 年 7 月底，中国风电、太阳能发电装机容量达到 12.06 亿千瓦，提前 6 年完成中国在气候雄心峰会上承诺的“到 2030 年中国风电、太阳能发电总装机容量达到 12 亿千瓦以上”目标。截至 2024 年底，中国风电装机容量约 5.2 亿千瓦，太阳能发电装机容量约 8.9 亿千瓦，合计容量约 14.1 亿千瓦，利用率保持在 95% 以上。

2024 年，中国风电新增装机容量 7982 万千瓦，同比增长 6%，其中陆上风电 7579 万千瓦、海上风电 404 万千瓦，“三北”地区占中国新增装机容量的 75%。中国光伏新增装机容量 2.78 亿千瓦，同比增长 28%，其中集中式光伏 1.59 亿千瓦、分布式光伏 1.18 亿千瓦[11]。

2024 年，中国风电发电量 9916 亿千瓦时，同比增长 16%，全年平均利用率 95.9%；太阳能发电量 8341 亿千瓦时，同比增长 44%，全年平均利用率 96.8%。

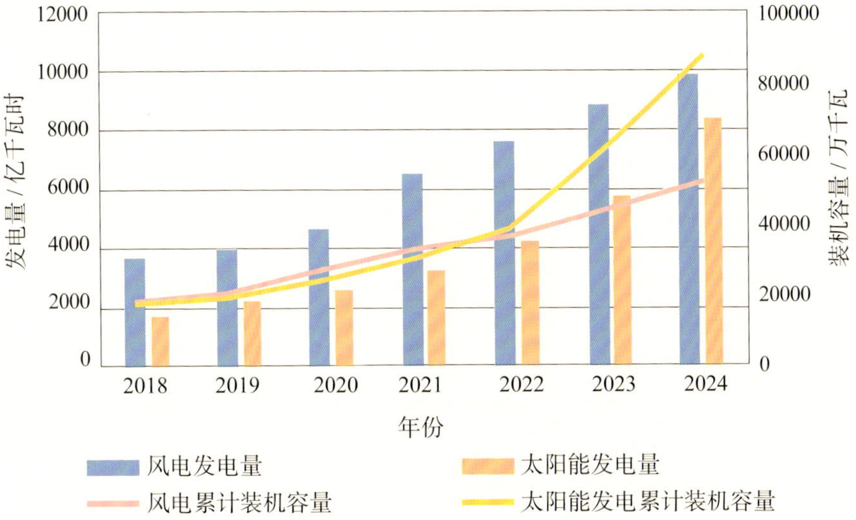

2018—2024 年中国风电、太阳能发电量及装机容量

（数据来源：国家能源局）

专栏 5 交通用能结构调整重塑需求格局

2024 年，国务院印发《2024—2025 年节能降碳行动方案》，要求完善能源消耗总量和强度调控、重点控制化石能源消费、强化碳排放强度管理、实施交通运输节能降碳行动等十大行动，到 2025 年底，交通运输领域二氧化碳排放强度较 2020 年降低 5%。在碳达峰碳中和目标引领下，中国交通用能结构发生了显著调整。

公共交通领域，国务院印发的《推动大规模设备更新和消费品以旧换新行动方案》明确提出“持续推进城市公交车电动化替代”。北京等 15 个城市被选为公共领域车辆全面电动化先行区试点，截至 2024 年底，试点城市累计推广公共领域新能源汽车 43.4 万辆，建设公共充电桩 44.7 万个[12]。

乘用车领域，新能源汽车渗透率快速增长。2024 年，新能源汽车全年销售量 1286.6 万辆，同比增长 37.3%，渗透率超 46%。

交通领域，LNG 替代快速增长。2024 年，天然气重卡销量全年增长 17%，达到近 17.8 万辆，创下历史新高，其中一季度增速高达 144%。

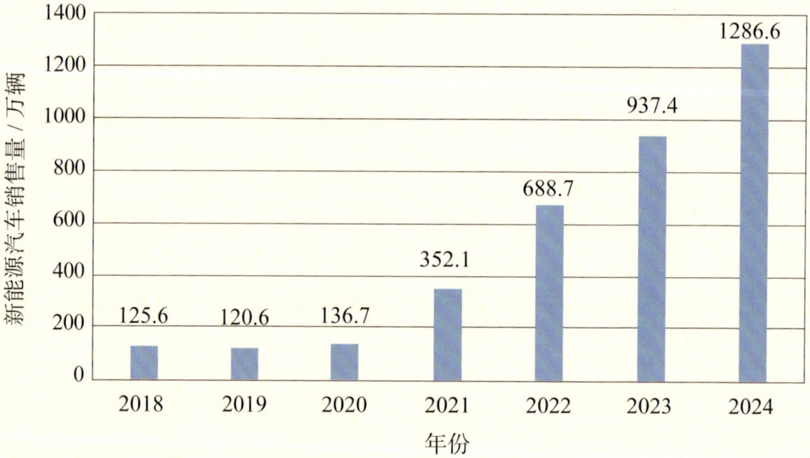

2018—2024 年中国新能源汽车销售量

二 勘查开采

2024年，中国油气勘查开采投资保持在较高水平，油气找矿突破成果丰硕，主要含油气盆地和海域取得多项重要突破和发现，油气产量继续保持增长势头，石油产量连续第三年超过2亿吨，天然气产量连续8年增长超过100亿立方米。

- **勘查开采投资有所下降，开采工作量持续增加**
- **找矿突破深入推进，“两深一非”获多项重要成果**
- **探明地质储量高位增长，油气产量油稳气增**
- **产能建设稳步推进，国内油气保障能力持续增强**

（一）勘查开采投入

23 勘查投资下降 4.0%

2024 年，中国油气勘查投资 868 亿元，同比下降 4.0%。其中，公益性地质调查投资 7.34 亿元，增加 1.43 亿元；石油企业油气勘探投资 860.4 亿元，减少 38.0 亿元❶。

- 从投资主体看：中国石油占 47.8%，中国石化占 28.7%，中国海油占 19.1%，其他占 4.4%。
- 从资源类型看：石油占 54.8%，天然气占 35.3%，页岩气占 5.8%，煤层气占 3.8%，其他占 0.3%。
- 从海陆分布看：陆上占 81%，海域占 19%。

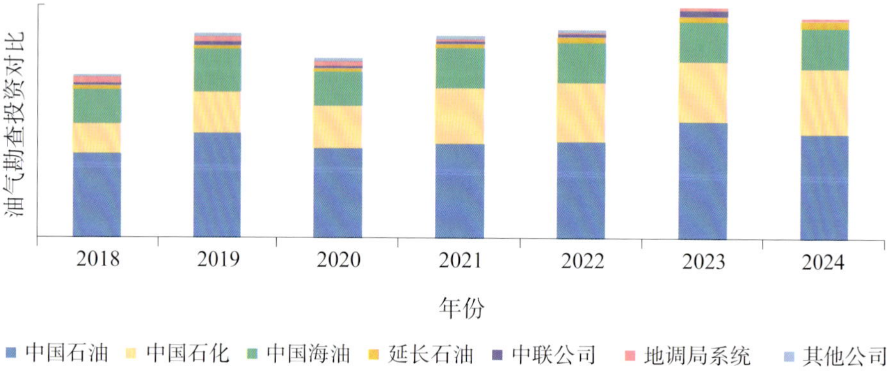

2018—2024 年中国油气勘查投资变化示意图

❶2024 年中国石油调整了预算管理，受 2023 年调整前基数较大影响，2024 年中国石油勘探、开发投资同比均有所下降。

24 开采投资下降 2.3%

2024 年，中国油气开采投资 2937 亿元，同比下降 2.3%。

- 从投资主体看：中国石油占 50.4%，中国石化占 18.0%，中国海油占 26.1%，延长石油占 5.5%。
- 从资源类型看：石油占 59.6%，天然气占 31.2%，页岩气占 6.6%，煤层气占 2.6%。
- 从海陆分布看：陆上占 74%，海上占 26%。

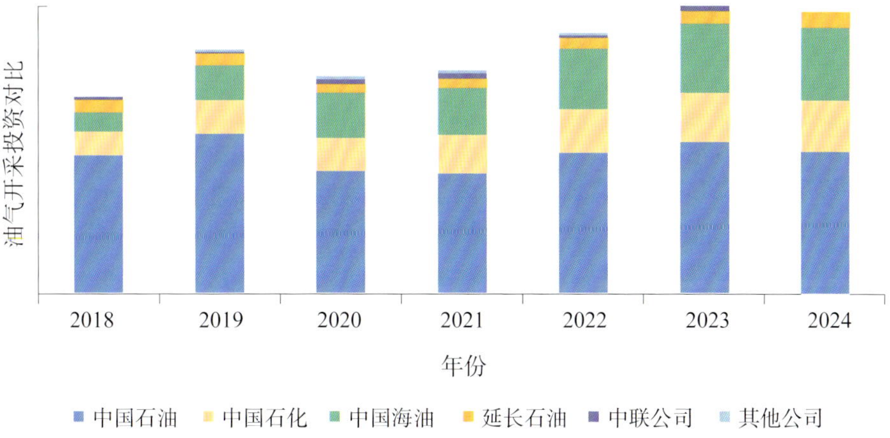

2018—2024 年中国油气开采投资变化示意图

25 探井进尺下降 9.0%

2024 年，中国完钻探井 2376 口、进尺 774 万米，同比分别下降 11.2%、9.0%。

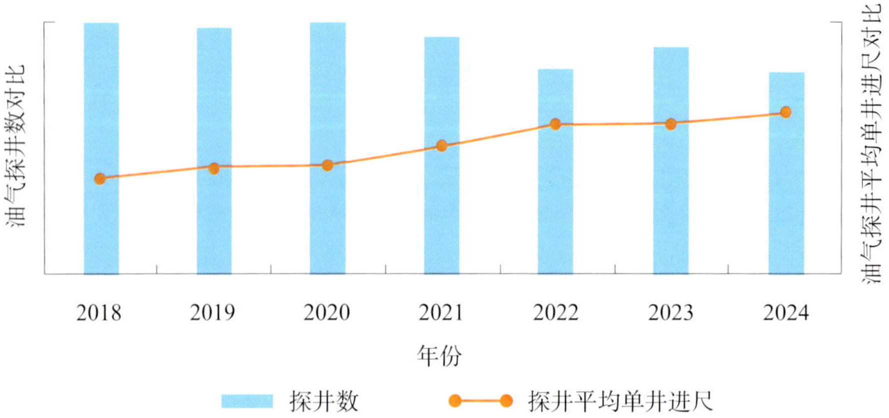

2018—2024 年中国油气探井数及平均单井进尺变化示意图

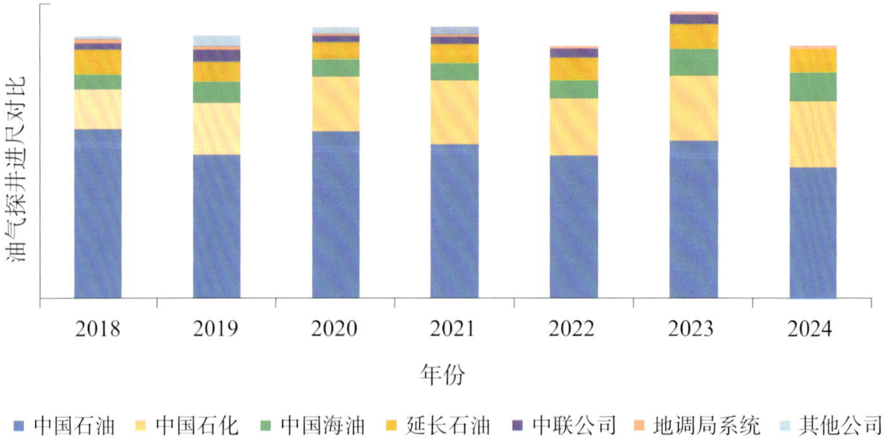

2018—2024 年中国油气探井进尺变化示意图

26 开发井进尺增长 3.6%

2024 年，中国完钻开发井 16714 口、进尺 4305 万米，同比分别增长 0.9%、3.6%。

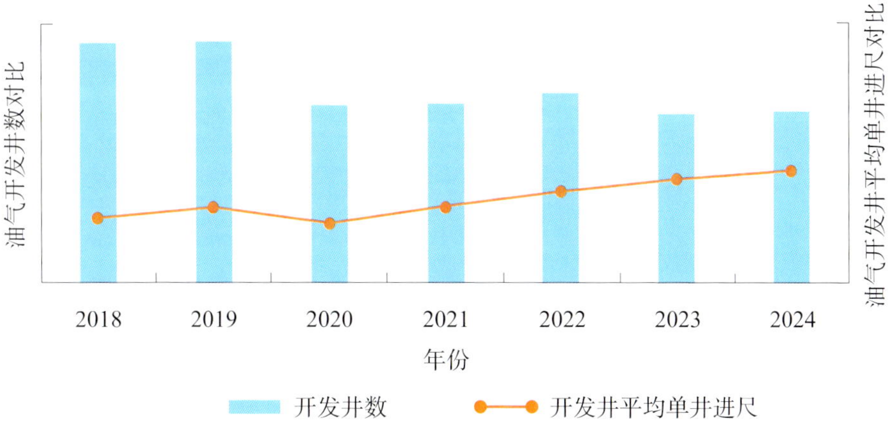

2018—2024 年中国油气开发井数及平均单井进尺变化示意图

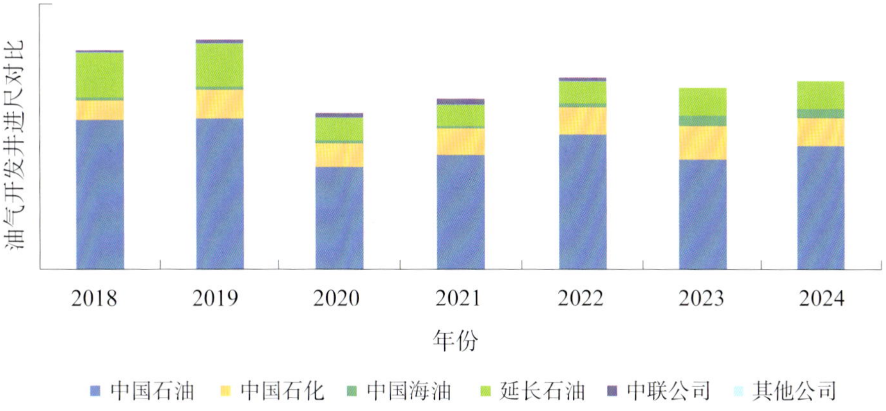

2018—2024 年中国油气开发井进尺变化示意图

（二）油气找矿突破

27 油气新增探明储量高位增长

2024年，中国石油新增探明地质储量14.39亿吨，新增技术可采储量2.3亿吨，替代率连续五年大于1。

天然气新增探明地质储量11007亿立方米，新增技术可采储量4447亿立方米，替代率继续保持在2以上❶。

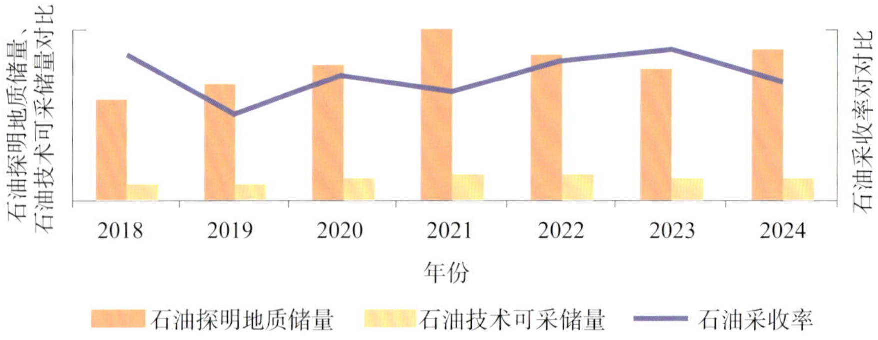

2018—2024年中国石油新增探明储量及采收率变化示意图

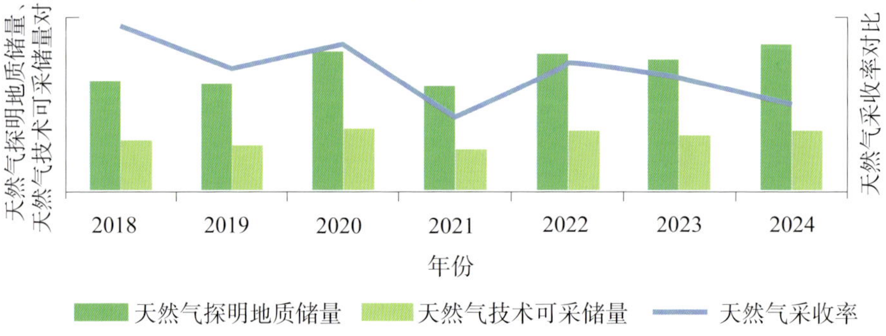

2018—2024年中国天然气新增探明储量及采收率变化示意图

❶ 为常规天然气，不含页岩气和煤层气。

28 鄂尔多斯盆地建设中国最大油气产区

2024 年，鄂尔多斯盆地油气产量 9750 万吨油当量，其中原油产量超 3800 万吨，天然气产量超 720 亿立方米，保持中国最大油气产区地位。

油气勘探：

- 钻遇优质含气煤岩，新增探明深层煤层气地质储量超过 1000 亿立方米。
- 苏里格致密气、伊陕斜坡东部奥陶系落实多个天然气规模增储区。

油气开发：

- 姬塬、安塞等老区持续保持高效稳产，页岩油新区建产力度不断加大，庆城页岩油整装大油田建成 300 万吨 / 年生产能力。
- 苏里格大气田保持 300 亿立方米高产稳产，大吉气田成为中国首个百万吨级油当量深层煤层气气田。

29 新疆新领域油气勘探获重大突破

塔里木盆地、准噶尔盆地新区新领域持续获勘探突破[13–16]，超深层碳酸盐岩、页岩油、库车天然气等持续上产。2024 年新疆油气产量近 6664 万吨油当量。

油气勘探：

- 塔西南落实了 1 个亿吨级规模储量区。
- 顺北超深层大油气田勘探开发持续推进。
- 塔科 1 井钻探超 1 万米，取出全球万米深地第一筒岩芯。

油气开发：

- 富满油田原油产量突破 300 万吨，顺北油气田产量达到 300 万吨油当量。
- 玛湖油田产量保持 280 万吨，中曼温北等油田产量突破 70 万吨油当量。
- 博孜－大北气田产量提升至 96 亿立方米。

30 四川盆地天然气勘探亮点纷呈

四川盆地在常规气、致密气及页岩气等多个领域获得勘探重大突破，全面推动天然气产量提升。2024 年，全盆地天然气产量突破 700 亿立方米，近六年年均增产超 40 亿立方米。

油气勘探：

- 茅口组累计探明天然气地质储量超 3000 亿立方米。
- 川中须家河组培育两大千亿立方米级致密气增储阵地。
- 涪陵页岩气田新增探明储量超 1000 亿立方米，累计提交探明储量超 10000 亿立方米，大安、泸州、自贡落实 3 个千亿立方米深层页岩气储量区。

油气开发：

- 渡口河－七里北气田全面建成。
- 涪陵页岩气田整体采收率由 12.6% 上升至 26.8%。

31 渤海海域油气勘探持续发力

渤海海域在渤中斜坡带、渤东低凸起等勘探新领域连获新突破，渤海油田油气产量连续 4 年超过 3000 万吨油当量。

油气勘探：

- 环渤中斜坡带获得秦皇岛 29–6、龙口 25–1、渤中 22–6 三个大中型发现，落实石油地质储量超 1 亿吨。
- 渤中 26–6 油田新增油气探明储量超 4000 万立方米，该油田累计探明储量突破 2 亿立方米。
- 秦皇岛 27–3 油田探明石油地质储量超 1 亿吨。
- 渤东低凸起龙口 7–1 构造日产气近 100 万立方米，渤海火山岩勘探获重要突破。

油气开发：

- 渤海油田原油日产突破 10 万吨大关，创油田开发建设近 60 年来历史最高水平，累计生产原油超 5.6 亿吨。

32 南海北部海域增储上产再获佳绩

南海北部油气勘探在超深水超浅层、深层－超深层取得重大进展，“深海一号”大气田高峰年产量大幅提升。

油气勘探：

- 琼东南盆地陵水 36–1 气田新增探明地质储量超 1000 亿立方米，实现超深水超浅层天然气勘探重大突破。

- 珠江口盆地惠州 19-6 构造深层－超深层探明油气地质储量亿吨级油当量[17]；文昌 10–3E 试获稳定产能[18]；荔湾 4–1 构造测试无阻天然气流量达 43 万立方米[19]；开平南油田探明油气地质储量超 1 亿吨油当量。

- 北部湾盆地海 3 井日产油气 1010 立方米油当量。

- 莺歌海盆地海口 29–2 构造日产气 4 万立方米。

油气开发：

- 中国首个深水高压气田“深海一号”二期天然气开发项目（陵水 25–1 气田）顺利投产。

（三）油气产量

33 石油产量 2.13 亿吨

2024 年，中国石油产量 2.13 亿吨，较 2023 年增产 391 万吨。

- 东部老油区持续稳产。大庆油区保持 3000 万吨以上高产稳产。胜利油区连续 8 年稳产 2340 万吨以上。
- 西部深层－超深层油气田持续稳产高产。富满油田原油产量突破 300 万吨，顺北油气田产量达 300 万吨油当量[20]。
- 海洋油气成为上产“主阵地”。年产量达 5860 万吨，同比增产 315 万吨，占中国原油增产量的 80% 左右。
- 页岩油产量突破 600 万吨。长庆油田长 7、新疆吉木萨尔、胜利济阳、大庆古龙页岩油开发进展提速。

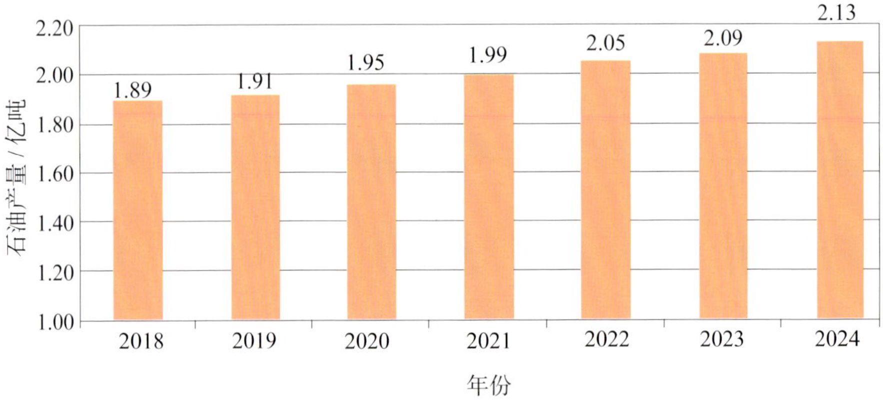

2018—2024 年中国石油产量统计图

34 天然气产量 2464 亿立方米

2024 年，中国天然气产量 2464 亿立方米（含页岩气、煤层气），同比增长 6.2%，连续 8 年保持超 100 亿立方米增长。

- 长庆油田：连续 3 年保持 500 亿立方米以上。
- 西南油气田：超 447 亿立方米，创历史新高 [21]。
- 塔里木油田：326 亿立方米 [22]。

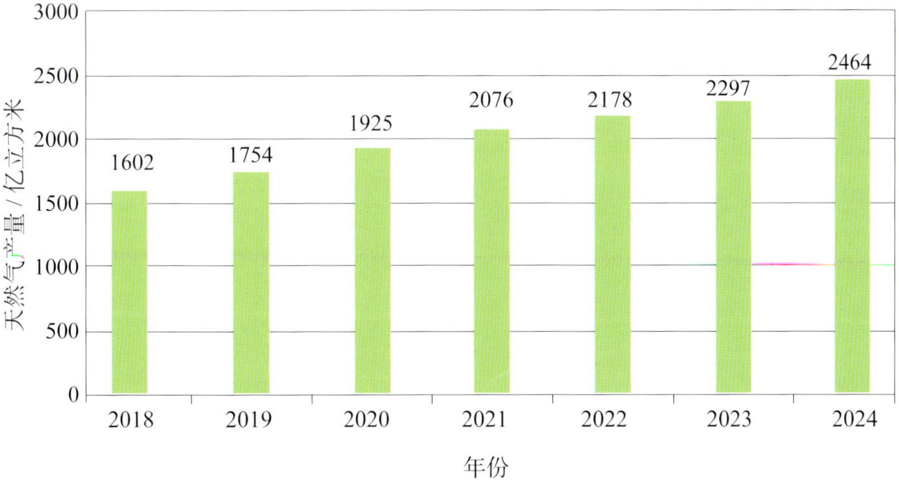

2018—2024 年中国天然气产量统计图

35 页岩气产量 256 亿立方米

2024 年，中国页岩气产量 256 亿立方米，同比增长 2.7%。

- 中国石油川南页岩气产量超 150 亿立方米，其中长宁 – 威远页岩气田全年稳产 86.0 亿立方米。持续推进长宁 – 威远中深层页岩气效益稳产和泸州、渝西等深层页岩气上产。

- 中国石化页岩气 100 亿立方米产量保持稳定。积极推进涪陵气田立体开发调整，滚动推进常压、深层复杂构造区页岩气效益建产，涪陵页岩气田产量保持在 85 亿立方米，持续稳产。

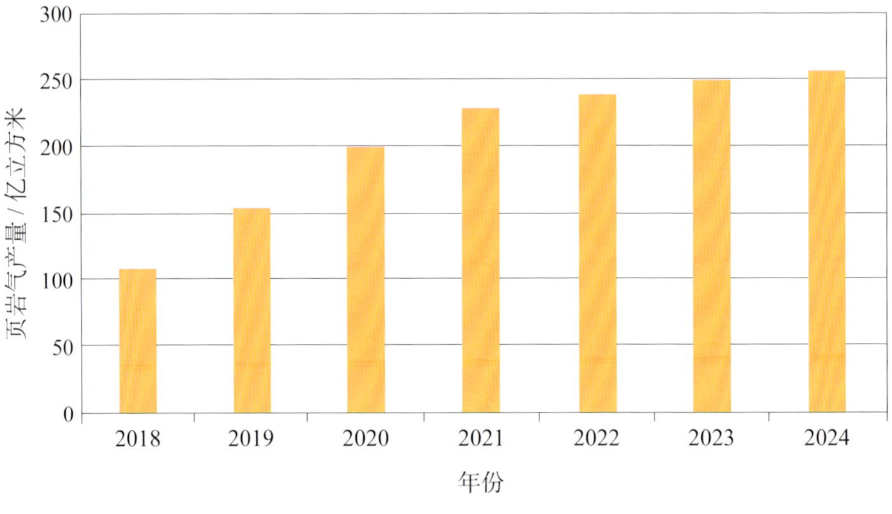

2018—2024 年中国页岩气产量统计图

36 煤层气产量 167 亿立方米

2024 年，中国煤层气产量达 166.6 亿立方米，同比增长 19.5%，主要来源于山西、陕西等省份[1]。

中国石油深层煤层气产量达 23 亿立方米，同比增长 1.3%。中国海油深层煤层气产量达 3.24 亿立方米，同比增长 2.8%。

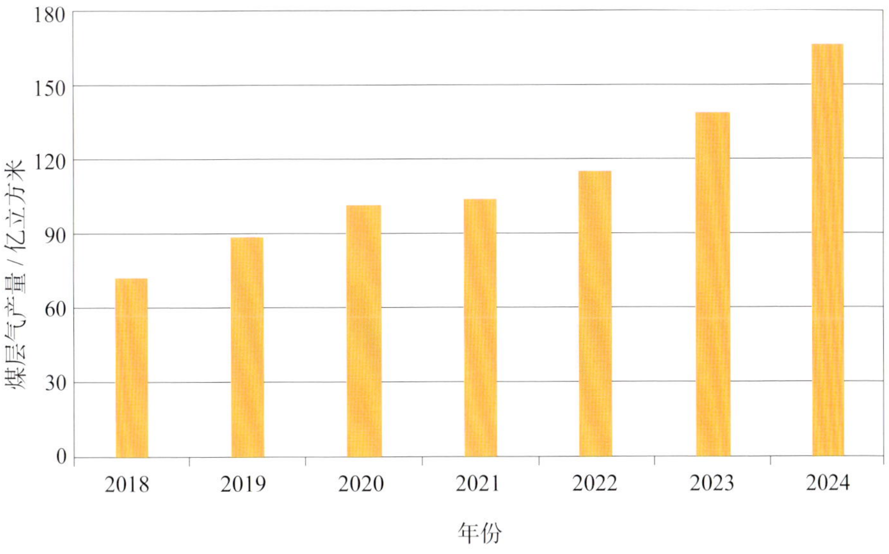

2018—2024 年中国煤层气产量统计图

[1] 煤层气产量来自国家统计局，含地下抽采瓦斯。

37 油气产能建设快速推进

2024年，中国石油新建产能2291万吨，天然气（含页岩气、煤层气）新建产能361亿立方米。近5年来中国年均新建原油产能在2000万吨以上，新建天然气产能在300亿立方米以上，均保持较高水平。主要油气产能建设基地包括：

- 石油：准噶尔玛湖、吉木萨尔，塔里木富满，河套巴彦，鄂尔多斯庆城，松辽古龙，渤海湾济阳等。
- 天然气：鄂尔多斯苏里格、靖边、神木、大牛地，四川天府、中江，塔里木博孜—大北等。
- 页岩气：四川长宁、威远、泸州、涪陵等。
- 煤层气：沁水樊庄、郑庄、沁南，鄂尔多斯大宁—吉县、米脂北、石楼西、佳县、神府等。

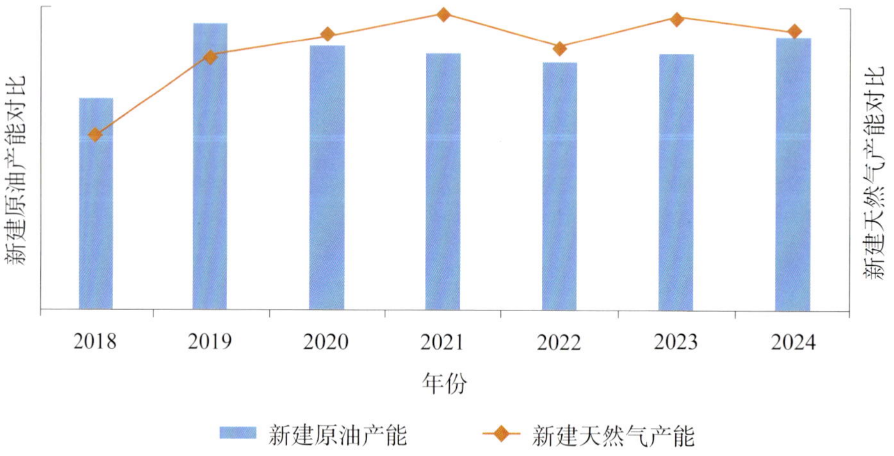

2018—2024年中国油气新建产能变化示意图

三 理论技术装备

2024 年，深层、深水等领域油气勘探开发理论创新持续推进，储层评价、增产提效等技术稳步发展，国产装备研发获重要突破，油气行业数智化、绿色化转型崭露头角。

- **多个领域理论亮点频现，勘探领域不断扩展**
- **勘探开发技术不断发展，改造提采持续提升**
- **技术装备逐步实现自主，油气产业高效发展**
- **绿色低碳、数智化转型，新质生产力露头角**

（一）理论创新

38 伸展－走滑复合断裂带油气成藏理论成功应用

渤海伸展－走滑复合断裂带深部油气勘探理论技术获得突破，指导发现了渤中 26-6 全球最大的变质岩油田和蓬莱 9-1 中国最大的花岗岩油田等多个亿吨级油田群，支撑渤海油田跃升为中国第一大原油生产基地[23]。

- 油气富集理论。提出“克拉通双幕破坏－板块斜向俯冲”双动力共控的渤海跨圈层伸展－走滑复合断裂带形成机制；深部油气具有多期成藏、晚期强注的特征，多期强注与压剪强封共控的深部油气富集机理[24]。

- 储集空间识别。揭示了渤海走滑转换带形成的动力学机制、走滑转换带与油气成藏关键要素的耦合关系，早断早衰型断裂带糜棱岩保存完好；创新了走滑转换带的构造解析技术，明确了增压型走滑转换带是大中型油气田富集的主要场所[25]。

39 中酸性火山岩有利储层形成机制研究获得突破

环渤中凹陷中生界火山岩潜山控储机制研究获得突破，支撑部署LK7–1–1井测试日产气近百万立方米，创渤海探井天然气测试产能新纪录。

● 火山岩形成分布模式。创建了“地壳强烈薄化–多期断裂交汇”中酸性大面积火山岩形成分布模式，精细刻画渤中凹陷中酸性火山岩分布。

● 火山岩潜山控储机制。提出了“火山主控–裂缝改造–风化作用”控储机制，成功预测渤海火山岩潜山优质储层发育区，探获高产油气井。

40 断裂岩溶油气富集规律不断深化

塔里木盆地台盆区油气勘探逐渐向精细化发展，持续深化“源－断－储－藏”耦合机制研究。

● 晚期规模油气富集成藏认识。塔中稳定隆起区奥陶系鹰山组试获高产油气流，证实多组断裂交汇、构造高部位有利于晚期规模油气富集成藏。

● 顺北低级序断裂带富集特征。顺北中东部次级断裂群呈现“小断裂、大油藏”的油气富集特点，呈现由单断裂到整体展开的勘探新局面。

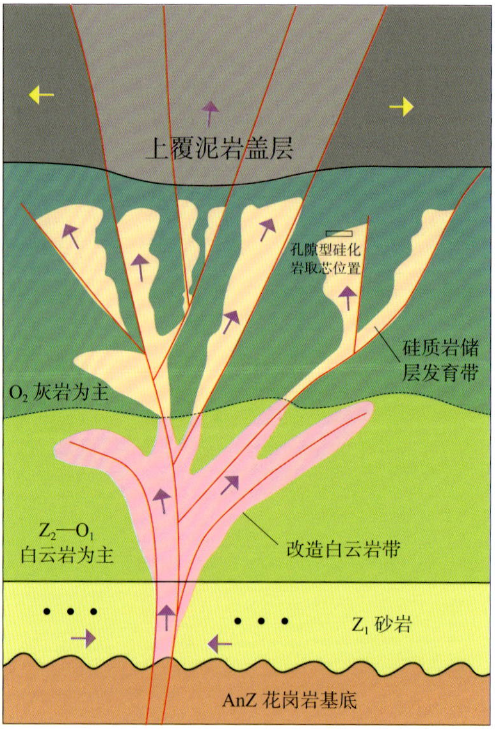

顺北中东部储集体发育模式

41 风城组砂屑云岩高熟油气藏新模式形成

研究建立古凸背景下准噶尔盆地碳酸盐岩高能滩砂屑云岩高熟油气藏新模式，金砂1井获油气发现，开辟了玛南风城组深凹区高熟油气勘探全新领域。

●鲕粒白云岩成储机制。明确了鲕粒白云岩“波浪改造陆源碎屑成核、同沉积云质胶结成鲕、成岩期颗粒溶蚀增孔”的成储机制，继承性古凸起附近高能滩是鲕粒云屑砂岩持续发育的有利环境。

●高能滩沉积模式。金砂1井在风城组钻遇鲕粒状砂屑云岩，可动孔隙占比高，孔喉结构好，游离油含量高，具备高产条件，证实了水下古凸背景下发育厚层砂屑云岩优质新储层高能滩沉积模式。

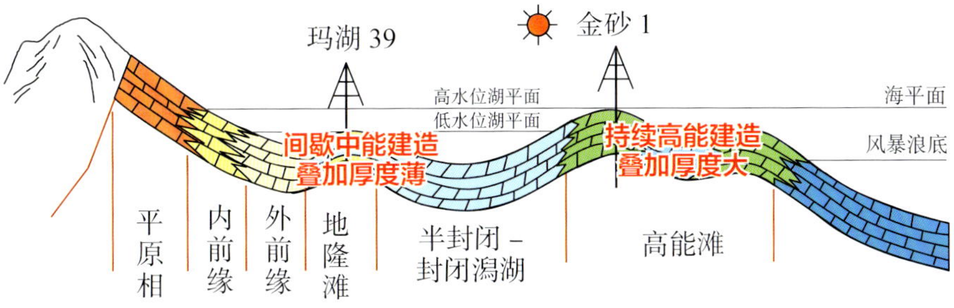

高能滩砂屑云岩高熟油气藏模式

42 源上断砂耦合地层岩性成藏模式开辟新领域

建立莫南地区源上断砂耦合地层岩性成藏模式，开辟了准噶尔盆地侏罗系—白垩系规模高效新领域。

● 成藏模式。建立“地层断裂控带、断裂搭接双源、地层背景下构造岩性”成藏新模式，明确断层－岩性油气藏是勘探主方向。

● 勘探领域。落实大东沟、桑家渠、芳草湖三大有利区，呼北1井、新湖1井等勘探获得突破，开辟了东部坳陷高效勘探新领域。侏罗系—白垩系具备多层系立体成藏条件，是寻找轻质油和天然气的全新领域。

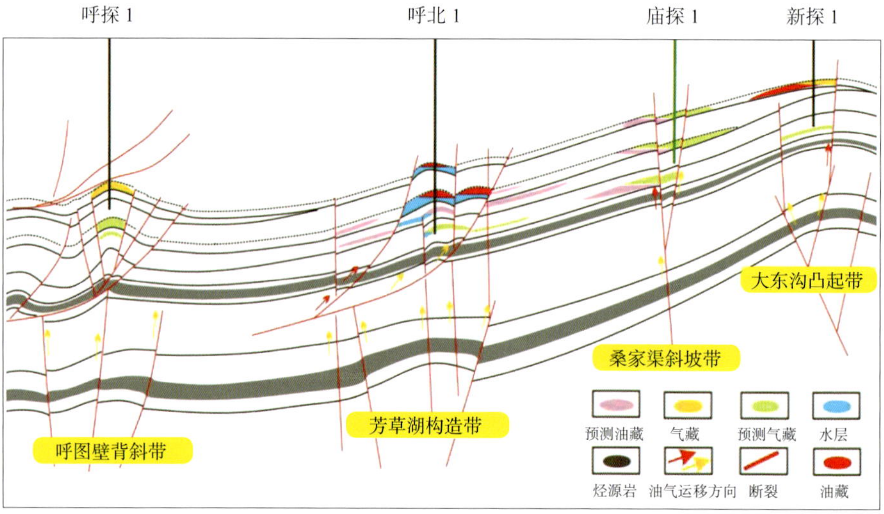

源上断砂耦合地层岩性成藏模式

43 深层煤层气富集理论持续深化

构建深层煤层气两大类三种富集模式及“五控”富集规律，发现准噶尔盆地侏罗系、四川盆地二叠系等多个有利领域。

两类富集模式：

- “外生内储”模式。白家海地区深层煤层气具有“近源断输、构造控富”的外生内储成藏特征。
- “自生自储”模式。发现鄂尔多斯盆地石炭系—二叠系源储一体、箱式封存的常压型“自生自储”成藏模式，四川盆地“高含气量、高游离气、高孔隙度、高地层压力”薄互层高阶煤层气的超压型“自生自储”成藏模式。

“五控”富集规律：

- 神府区块形成“微相控煤、源热控气、温压控态、断水控藏、亮煤控富”深层煤层气“五控”富集规律。

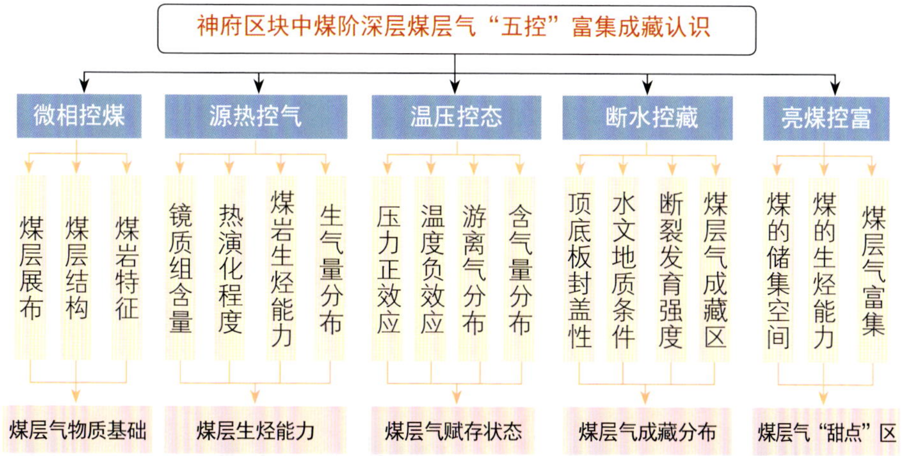

“五控”富集成藏认识

专栏 6 “生－滞－排”演化模式实现全油气系统评价

以全油气系统理论为指导，建立烃源岩的生－滞－排油气演化模式，明确常规、非常规油气的形成演化过程。

- 研发全新一代烃源岩生－滞－排有效性动态定量评价技术装备，实现烃源岩生－滞－排全过程定量分析。
- 物理模拟烃源岩完整的生－滞－排油气演化过程，揭示不同类型烃源岩生－滞－排演化机理。

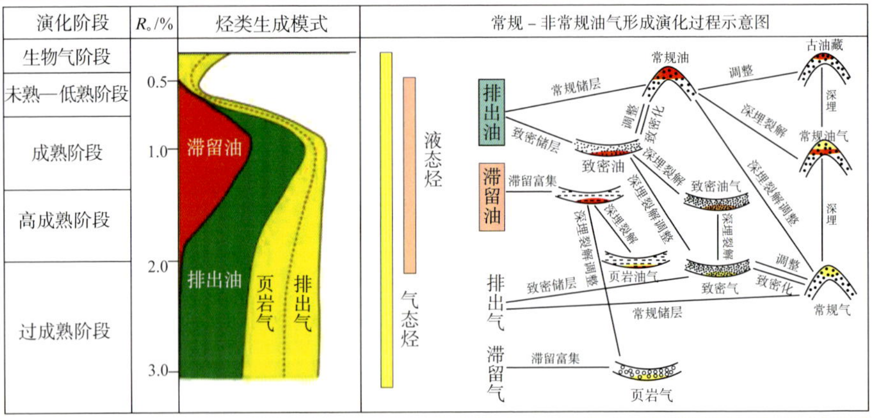

烃源岩生－滞－排演化模式及常规、非常规油气的形成演化过程

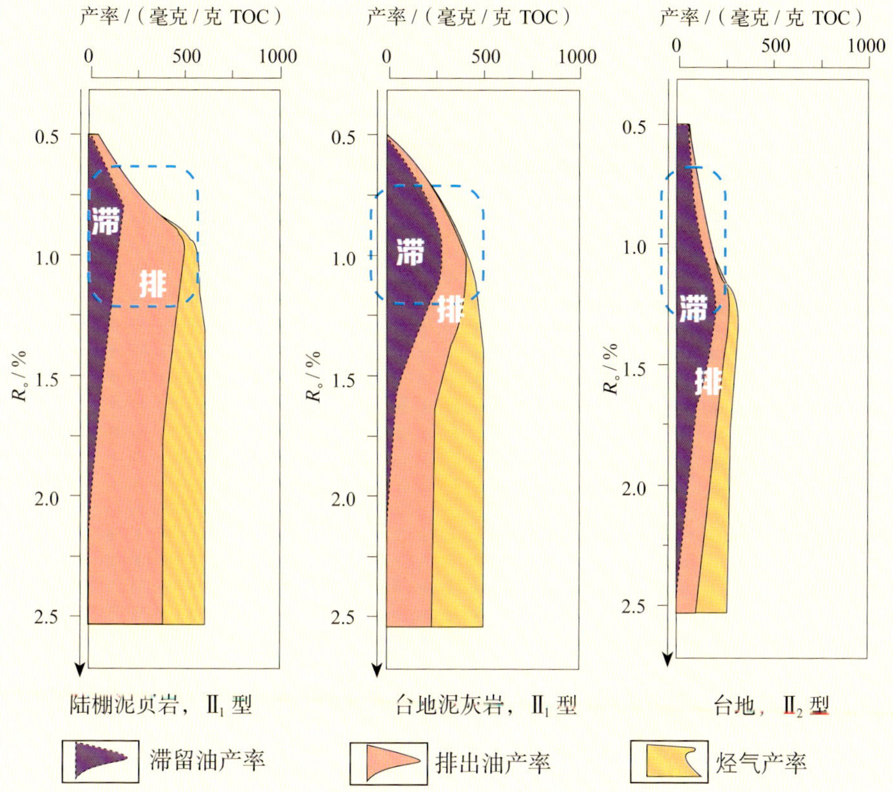

海相烃源岩生－滞－排油气动态演化模式图

（二）技术进步

44 相控反演储层识别技术不断发展

根据不同的储层条件，改进精准识别储层分布方法，相控反演储层识别技术研究和应用不断进步。

● 提升储层分辨率。形成提高储层分辨率的方法和装置，对波阻抗数据无法识别砂岩储层位置的情况，可以有效实现分区储层预测，显著提高不同条件下砂岩储层的分辨率与识别能力[26]。

● 拓展低渗勘探领域。在莺北低渗领域创建相控反演低渗“甜点”储层预测技术，明确海底扇主水道“甜点”储层分布，应用“长水平井+油基泥浆+裸眼”新模式，部署一井两眼取得成功，证实了小于0.1毫达西❶超压储层具备产能条件。

❶1毫达西 $=0.987\times10^{-3}$ 平方微米。

45 超深水超浅层优快钻井技术体系持续深化

持续完善深水复杂油气资源勘探开发技术体系，成功发现陵水36–1超深水超浅层气田。

- 自主构建钻井测试技术体系。建立超深水超浅层优快钻井模式，创建含水合物储层测井评价、地层样品获取、高效安全测试等关键技术，形成7项发明专利。
- 获得多个首次突破。全球首次在南海成功获取超深水未成岩地层井壁岩芯样品，首次开路电缆测压取样成功。

陵水36–1超深水超浅层气田勘探作业[27]

46 “扩体积 + 促复杂 + 强支撑”压裂技术多领域应用

“扩体积 + 促复杂 + 强支撑”压裂技术在超深层和火山岩领域表现良好。

- 超深层页岩气压裂技术突破。资阳 2 井创新“扩体积 + 促复杂 + 强支撑”核心压裂技术，突破超深层页岩气领域最高测试产量记录[28]。

- 完成首口火山岩性压裂作业。四川盆地首口火山岩水平井金山 105H 井采用“扩体积 + 促复杂 + 强支撑”核心压裂技术，通过“一段一策”精细化作业，首回次 8 段加砂压裂施工[29]。

压裂施工现场[29]

47 宽幅粒径湿砂压裂技术投入使用

页岩油一次全过程湿砂压裂现场试验取得成功，成为中国首例利用湿砂作为压裂砂进行的压裂作业，解决了压裂材料成本持续增加的问题。

● 宽幅粒径砂自分选加砂试验。利用不同砂粒与液体之间的密度差异，试验 30 目（600 微米）至 150 目（约 100 微米）范围内的宽幅粒径砂自分选加砂方法，实现了近井支撑裂缝高导流、远井裂缝有效支撑的目标。

● 降本成效明显。应用湿砂压裂和目前大量应用的石英砂压裂相比，提升生产效率 20% 以上，每立方米可节约成本约 120 元，完全使用湿砂压裂每口井可节约成本约 80 万元[30]。

48 地质工程一体化压裂软件实现国产化替代

中国石油突破非平面三维裂缝模拟、复杂人工裂缝模拟、四维地应力模拟等 11 个关键技术卡点，成功研发出国内首套具有完全自主知识产权的大型地质工程一体化压裂优化设计软件平台 FrSmart，在各油气田实现规模化应用[31]。

● 打破国外技术垄断。国产压裂设计软件 FrSmart 实现自主可控的发展模式，软件包含六大核心功能模块，涵盖了从地质力学建模到实时决策的各个环节，既能实现传统油田的压裂设计，也能处理复杂的非常规油气资源，降低了油气企业对进口软件的依赖。

● 行业内得到广泛应用。在页岩油气、致密油气、深层煤层气等资源领域示范应用万余段层，有效提升压裂的经济效益、成功率和安全性[32]。

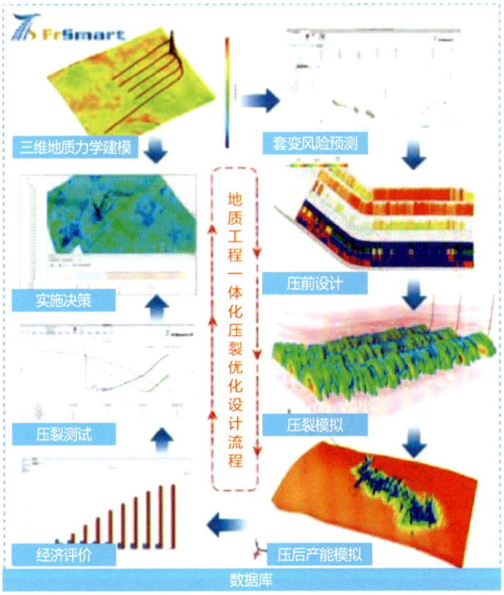

FrSmart 软件功能示意图[31]

49 智能化全电驱压裂系统实现“一键联动”

中国石化自主研制出国内首套新一代5000型电动压裂橇搭配自主开发的SOFElink数智平台系统，推动国内页岩气电驱压裂正式步入“一键联动”智能时代。

● 全电驱压裂系统。相比传统压裂，电驱压裂能源消耗降低29%，现场人员减少40%，噪声降低40%，占地面积减少23%，整体运行效率提高148%，全面实现零碳排放、低噪声。

● “一键联动”智能控制。探索构建了新型“人机互动+精准定位+智能协同”运行管理模式，实现从低压供液到高压泵注“一键联动”全自动化压裂，创新形成了油气装备全生命周期的数字化管理。

高压泵注“一键联动”全自动化压裂现场[33]

50 多种驱油技术取得进展

化学驱、“微生物+”驱、纳米气泡驱等技术取得进展，助力提高油藏采收率。

● 化学驱油。胜利油田孤岛采油厂对注、采、输系统进行统筹治理，全流程提升化学驱注聚水质，解决高温季节化学驱产量下滑的问题[34，35]。

●“微生物+”驱油。大庆油田构建内外源微生物相结合的驱油体系，发展建立了“前置段塞+微生物段塞+后置段塞”的驱油模式，创新形成了微生物驱与化学驱结合的“微生物+”驱油技术[36]。

● 纳米气泡驱油。大庆油田发明“一种驱油用纳米气泡发生器装置”专利，通过产生连续的纳米气泡液体，增强油田的采收率[37]。

51 “深海一号”二期工程建成投产

中国首个超深水高压气田“深海一号”二期天然气开发项目在海南岛东南陵水海域正式投产，标志着中国完全攻克深水高压油气藏开发这一世界级难题[38]。

项目首创“水下生产系统 + 浅水导管架处理平台 + 深水半潜式平台远程操控系统”的全新开发模式，分南、北、东 3 个井区密集部署 12 口深水气井，新建 1 座导管架平台、1 套水下生产系统，铺设 5 条海底管道和 4 条脐带缆，并对“深海一号”能源站、崖城 13–1 平台和南山终端进行适应性改造。

“深海一号”二期综合处理平台

52 海上绿色开发技术全面升级

随着绿色低碳、可持续发展成为时代主题，绿色设计、余热发电、碳捕集等海域油气绿色开发技术快速发展。

- 海上首个全方位绿色设计油田投产。乌石 23-5 油田群通过节能降碳技术、岸电绿电应用、终端光伏、海上风电及红树林碳汇等降碳举措协同应用打造绿色油田，通过减污设备实现生产水和伴生气零排放[39]。

- “全球首套”海上高温烟气余热发电装置交付。中国海油联合中国船舶自主研制的全球首套 5 兆瓦级海上高温烟气余热发电装置完工交付，该装置可直接将废弃的热能变为清洁的电能，余热综合利用效率提升至 60%~70%[40]。

- 国产膜海上碳捕集示范装置投用。中国首套国产膜海上火炬气脱碳捕集示范装置在惠州 32-5 平台顺利成功投用，既满足了平台伴生气回收和碳减排需求，也为海上高 CO_2 含量天然气净化预处理做好了技术储备[41]。

专栏 7 AI 技术在油气领域应用快速拓展

AI、5G、云计算、大数据等技术和油气行业深度融合，助力实现油气行业数字化转型、智能化发展。

- 3 个油气行业大模型发布。中国海油发布“海能”人工智能模型。中国石化等企业共同发布石化化工大模型。中国石油与中国移动、华为、科大讯飞联手打造 700 亿参数昆仑大模型 [42]。
- 积极探索数智化场景应用。长庆油田应用华为智慧油气田解决方案 [43]；国内首个海洋油气装备“智能工厂”——海油工程天津智能制造基地二期工程全面建成 [44]。
- 高性能服务器平台助力提升物探软件性能。中国石化石油物探技术研究院采用华为 OceanStor 海量存储、高速核心交换机、定制化高性能服务器集群等先进核心设备，建成中国石化最大的超算中心；东方物探引入鲲鹏计算，大幅提升地震数据处理解释一体化大型软件 GeoEast 性能 [45]。

（三）装备研发

53 全区多源电磁精细探测装备研制成功

中国地质科学院牵头成功研制全区多源电磁精细探测技术软硬件系统，在多领域取得成效。

- 多源电磁测深技术。基于全区、多源观测理念，研发了 5000 米深全区多源电磁测深技术，有效解决可控源电磁法的场源效应和阴影效应问题。
- 油气领域应用。全区多源电磁测深技术获得 5000 米以浅与地震勘探可对比的地层精细刻画；长江下游页岩气应用中探获与测井曲线吻合的总厚 125 米的目标含气层。

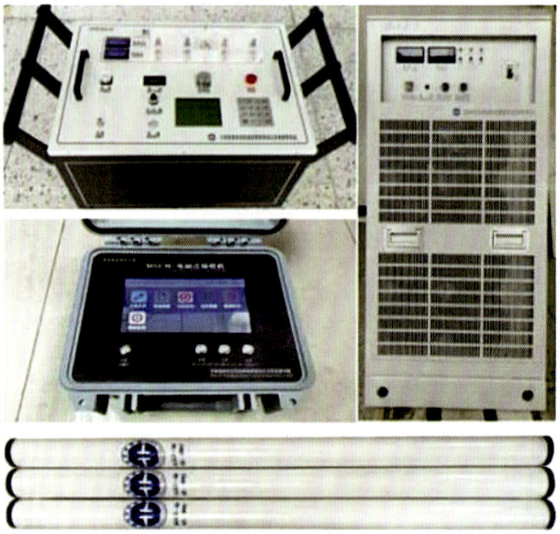

5000 米深全区多源电磁精细探测装备[46]

54 移动式井场岩样集成测量系统投入应用

中国石油成功研制出国际首套移动式井场岩样集成连续测量成像系统 CoreLog1.0，克服油气散失、应力及结构改变带来的误差，实现井场第一时间对岩芯近原位高保真测量。

● 出筒同步测量。实现了井场近原位岩芯参数高精度测量和连续三维数字岩芯融合成像，与大型测井软件 CIFLog 实现互联互通，已在非常规油气、万米科探工程等领域成功应用。

● “核磁—激光—CT”一体化协同测量。可实现长 1000 毫米、外径 115 毫米全直径岩样岩石物理多参数连续协同扫描，准确获取 T1–T2–D 多维核磁信号和 13 种元素含量，最短回波间隔 0.2 毫秒，主要矿物组分测量误差小于 2%，双能 CT 空间分辨率可达 50 微米[47]。

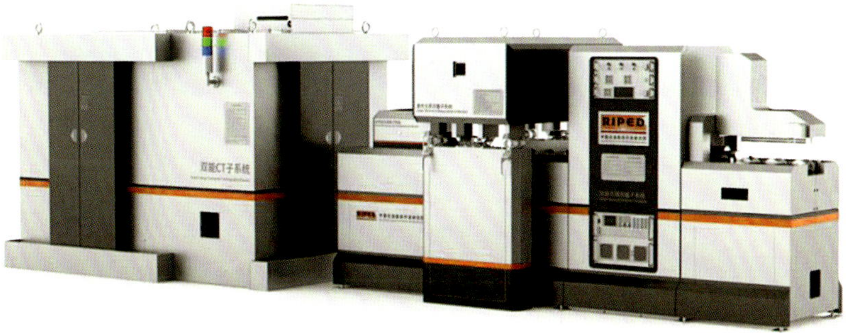

移动式井场岩样集成连续测量成像系统 CoreLog1.0[31]

55 海洋节点仪器自主研发成功

中国石油在国内率先攻克了超高静压密封、长时间守时等卡点技术，研发出国内首套“3000 米 oSeis 海洋节点仪器”，性能达到国际先进水平，支撑超深水地震采集装备自主可控，打破国外 500 米以深海洋节点对我国禁售的困境[31]。

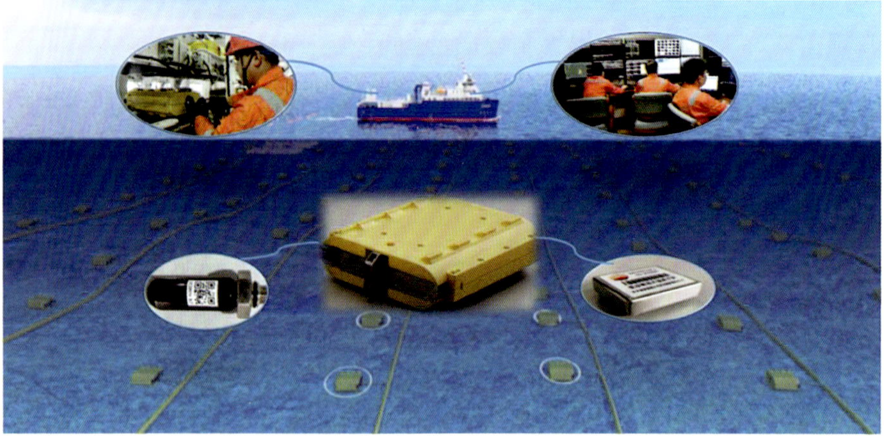

3000 米 oSeis 海洋节点仪器示意图

56 首台 12000 米深智钻机交付

东方电气集团所属东方宏华研制完成中国首台 12000 米深智钻机，核心部件和控制系统实现“全链条自研”[48]。

● 可实现 12000 米及以深作业。具有超强承载力，钩载能力高达 1000 吨，可提升 1368 根钻柱，实现最大 13000 米深度作业[49]。

● 安全实现“自动驾驶”。突破了万米管柱“一键联动”自动化等关键技术，配置 3200HP 五缸泵，搭载顶尖 UNISON2.0 控制系统实现数字化钻井，集成先进视觉识别系统增强智能感知力，成功实现地面、台面和高空三大区域自动化作业[49]。

中国首台 12000 米深智钻机在四川德阳成功交付[48]

57 “海葵一号”和“海基二号”投产

亚洲首艘圆筒型 FPSO（浮式生产储卸油装置）“海葵一号”和亚洲第一深水导管架平台“海基二号”于珠江口盆地流花油田同时投产[50]，成功开创“深水导管架平台 + 圆筒型 FPSO”深水油田经济高效开发全新模式。

● “海葵一号”及系列技术。最大储油量 6 万吨，每天可处理原油 5600 吨[51]。系统攻克圆筒型 FPSO 一体化设计等 10 余项卡脖子关键技术，实施大直径张紧式系泊钢缆 30 余项重大科技攻关项目，实现 10 余项国产化产品首次应用。

● “海基”系列深水导管架平台技术[52，53]。“海基二号”可实现远程水下井口控制、智能油气开采、台风生产模式等功能。攻克导管架平台结构总体规划与设计技术等 10 项关键专有技术难题，实现了深水导管架平台关键零部件及施工装备国产化。

58 全球首座移动式注热平台正式投用

中国自主研发建造的全球首座移动式注热平台——“热采一号”正式投用，平台可抵御16级台风，能同时为6口油井快速注入温度超过350℃的高压蒸汽[54]。

- 填补稠油热采领域空白。“热采一号”具备可移动能力，在拖轮牵引下抵达不同平台，从而有效降低稠油开发成本，促进稠油热采规模化变为现实。
- 多项技术世界首创。所应用的移动注热平台设计、高温高压蒸汽管线补偿等多项技术为世界首创。

“热采一号”

专栏 8 大洋钻探船“梦想”号入列

2024 年 11 月 17 日，中国自主设计建造的首艘大洋钻探船“梦想”号在广州正式入列，标志着中国深海探测关键技术装备取得重大突破[55]。

- 首次实现超深水钻采船完全自主设计。以“小吨位”集成“多功能”，实现天然气水合物勘查试采、大洋科学钻探、海洋油气勘探等不同功能同船融合设计，构建起中国自主的超深水钻探装备设计建造技术体系。
- 钻采系统国际领先。研制全球首台兼具油气勘探和岩芯钻取功能的液压举升钻机，最大钻深可达 11000 米，具备 4 种钻探模式和 3 种取芯方式，建成全球面积最大、涵盖海洋全学科领域的船载实验室。综合性能全球领先，大幅提升了深海进入、深海探测、深海开发能力[56]。

“梦想”号大洋钻探船进行综合试航[57]

四 资源管理

2024 年，油气资源管理工作稳步推进。基础调查取得新进展，“十四五”资源评价全面完成，新一轮找矿突破战略行动高效推进，油气探矿权竞争出让力度持续加大，油气矿业权登记工作、勘查开采信息公示及矿产资源储量管理不断完善。

- **油气调查评价取得新进展，资源评价完成主体工作**
- **矿业权出让力度持续加大，区块治理体系不断完善**
- **矿业权登记面积“双增长”，新增生产规模稳中有升**
- **勘查开采信息公示顺利开展，储量评审工作稳步推进**

（一）地质调查与资源评价

59 油气基础调查取得新进展

油气地质调查在塔里木盆地西北缘、北方中小盆地等新区、新层系取得了新进展。

● 塔里木盆地西北缘新苏地 2 井在沙井子构造带志留系获工业气流，引领志留系成为增储上产新领域。

● 三门峡盆地灵宝地区豫灵 1 井获得稳定日产量 15.5 立方米，豫灵 2 井两层段分别获得自喷稳定日产量 31.62 立方米和机抽稳定日产量 92.52 立方米。

● 冀北—辽西地区冀承页 1 井在华北地台北缘冀北坳陷承德盆地中 – 新元古界钻获多套油气显示。

三门峡灵宝地区豫灵 1 井

60 页岩气基础调查取得新发现

页岩气地质调查在四川盆地周缘及中上扬子复杂构造区等新区、新层系取得了新进展。

- 鄂西—渝东地区渝巫地 1 井获稳定页岩气工业气流，取得了四川盆地外复杂构造区二叠系页岩气调查新发现。
- 鄂鹤页 3 井取得了鄂西地区二叠系大隆组、孤峰组等多层系页岩气调查新发现。
- 西昌盆地昭觉凹陷川昭页 1 井三叠系钻获页岩气 - 致密气新发现。

鄂西二叠系大隆组现场解析、点火

61 油气资源评价主体工作完成

2024年，“十四五”油气资源评价开展了重点勘探领域分析、空白区优选、区块优选及储产量预测工作，获得了全国资源评价结果。

● 地质、经济、生态评价。系统梳理油气勘探开发新进展和地质新认识，获得了133个盆地8种资源类型地质、经济、生态评价结果，摸清了我国油气资源家底。

● 重点勘探领域分析。对资源潜力与勘探前景进行了分析，将不同资源类型潜力区按照动用前景划分为37个现实勘探领域、35个接替勘探领域、20个战略准备领域。

● 有利区块优选。开展了油气矿业权空白区资源潜力评价、区块优选，初步圈定有利区面积20万平方千米，提出油气区块出让建议。

● 油气储产量预测。开展油气资源、储量、产量综合分析，预测了2025—2035年我国石油、天然气、页岩气、煤层气储产量变化趋势。

（二）矿业权出让与登记

62 油气区块治理体系不断完善

2024年，自然资源部积极拓展区块来源，持续完善保证金制度，全面推进油气矿业权区块出让管理体系建设。

● 积极拓展区块来源。2024年，新疆、黑龙江、辽宁、贵州等省级自然资源管理部门及油气中心等相关机构积极报送出让区块建议。

● 持续完善保证金制度。将新疆经验推广到全国，规定竞价超过1亿元、5亿元时分别追加额外保证金，新增起始价不足500万元的，按500万元征收保证金。

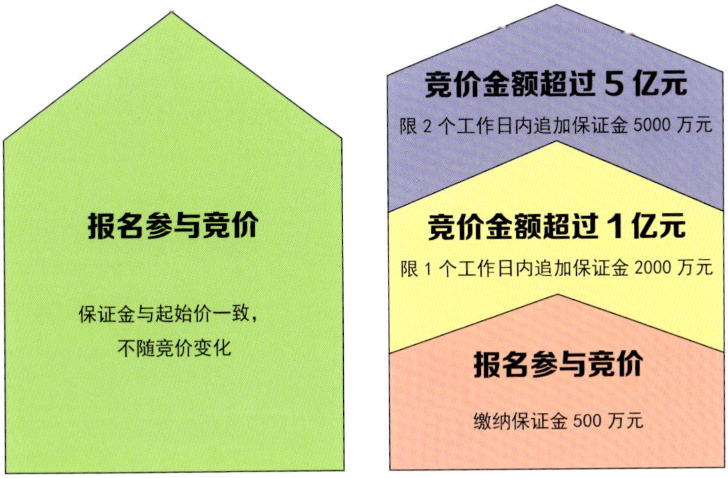

保证金制度对比图

63 油气区块出让力度进一步加大

2024年，自然资源部组织出让石油天然气探矿权区块43个，面积4.68万平方千米，主要分布在新疆、河南、广东、海南等12个省（区）。由15家经营主体竞得，出让收益40.52亿元。新疆、湖南、贵州、宁夏等省（区）组织出让煤层气区块16个，面积1444.74平方千米，出让收益9147万元。

2024年油气探矿权出让情况表

序号	省份	区块个数	面积 平方千米
石油天然气			
1	黑龙江	8	7482.86
2	新疆	7	5385.51
3	河南	7	4833.19
4	安徽	5	2263.49
5	西藏	3	17478.25
6	湖北	3	211.6
7	海南	2	3434.43
8	宁夏	2	3051.29
9	四川	2	784.72
10	贵州	2	300.26
11	广东	1	1389.2
12	陕西	1	202.43
煤层气			
1	新疆	13	535.81
2	湖南	1	657.328
3	贵州	1	99.29
4	宁夏	1	152.31

64 油气探矿权面积小幅增长

2024年，中国油气（不含煤层气）探矿权面积为252.36万平方千米，同比增长1.39%，自2013年以来首次实现年度增长。共有油气探矿权人36家，其中央企5家、地方国企13家、民营企业18家。

- 探矿权新立。新立油气探矿权40个，面积4.06万平方千米，较上一年增长98.05%。
- 探矿权注销核减。探矿权核减退出1.39万平方千米，其中探转采面积0.81万平方千米。

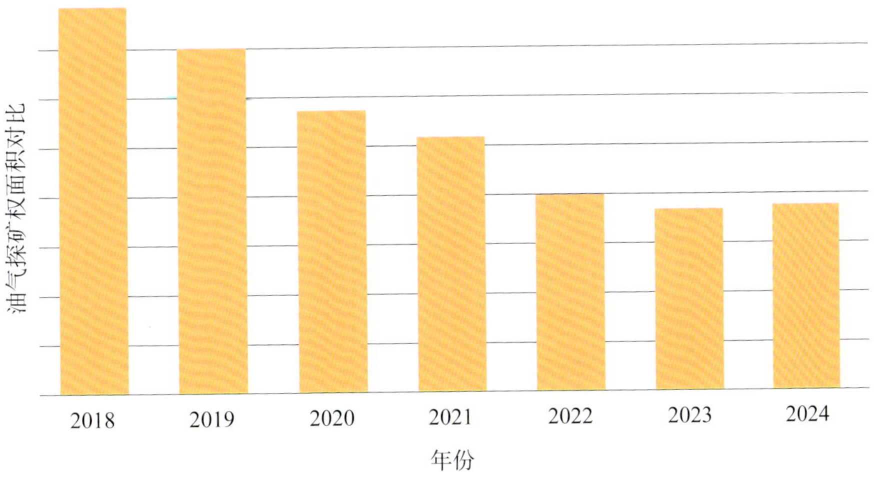

2018—2024年油气探矿权面积变化示意图

65 油气采矿权面积持续增长

2024年，中国油气（不含煤层气）采矿权面积为25.92万平方千米，同比增长3.2%。采矿权新立和变更扩大面积8092.3平方千米。其中采矿权新立34个，面积为8070.9平方千米；变更4个，面积增加21.4平方千米。

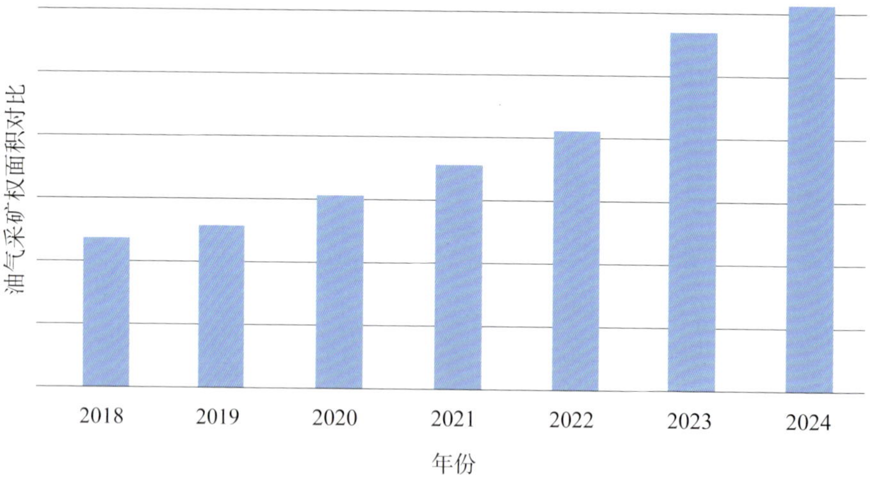

2018—2024年油气采矿权面积变化示意图

（三）资源保护与监督

66 油气勘查开采信息公示顺利开展

2024 年公示油气矿业权 1789 个（含煤层气），公示率 98.51%，其中探矿权 660 个，采矿权 1129 个。

● 现场核查。开展油气现场核查 196 个，主要分布在贵州、新疆、宁夏、山西、陕西等省（区）。其中随机检查 190 个，专项检查 6 个。

● 标准制定。出台《矿业权人勘查开采信息实地核查工作技术要求》（DZ/T 0463—2024）。

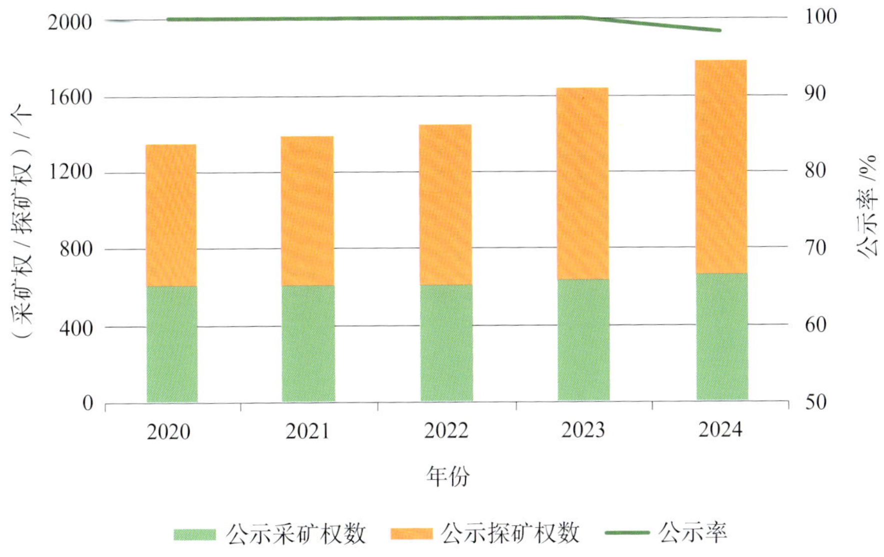

2020—2024 年度油气矿业权信息公示情况

67 油气资源探明储量评审备案稳步推进

2024 年，自然资源部开展了油气储量评审、专家库更新等工作。

●储量评审备案。共受理和评审油气探明储量报告 234 份，完成备案 215 份。

●评审专家遴选。开展了油气储量评审专家审查、面试和入库工作，新增 243 名油气储量评审专家。

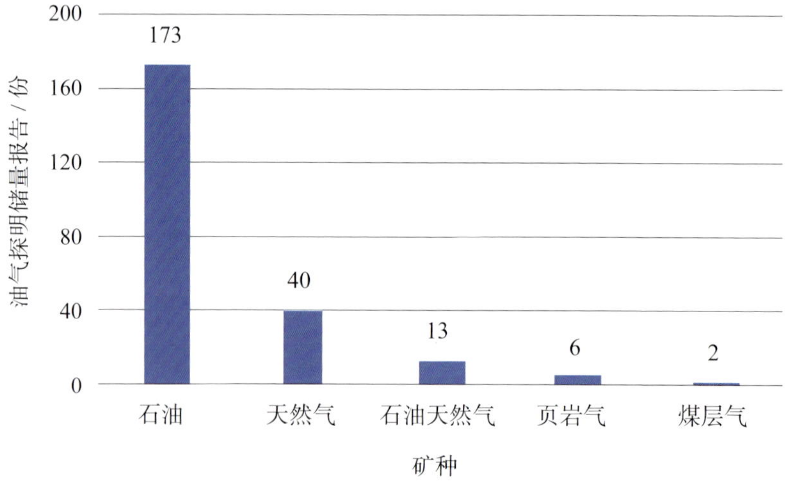

2024 年自然资源部评审油气探明储量报告矿种分布图

68 储量评审及管理规范陆续出台

为了进一步规范油气探明储量评审备案及监督管理工作，自然资源部出台了多项行业标准和规范。

●页岩层系石油储量规范。发布《页岩层系石油储量估算规范》（DZ/T 0501—2025），规范页岩层系石油储量估算的具体条件、方法和参数编制。

●储量标定报告编写规范。审查通过油气探明储量标定报告编写规范，明确了报告编写的格式、内容、图件、表格编写规范。

●矿山资源储量年度报告编写规范。明确了矿山资源储量年度报告编写要求，规定了目的任务、基本要求、资料收集与使用、变化对比、资源储量估算、格式及附图附表附件要求。

五 政策法规

2024 年是矿产资源法治建设的重要一年，新修订的《矿产资源法》通过人大审议，从规划到监管对现有管理制度进行全面深入改革。《能源法》正式出台，推动能源法治再上新台阶。政府部门加强政策供给与保障，持续推进矿业权市场、用地保障、自然资源行政处罚及矿产资源行业绿色发展等制度建设。

- **新矿法和能源法出台，全面推进矿产资源法治建设**
- **勘查开采信息公示办法不断完善，持续加强资源监管**
- **矿业用地取得新进展，保障矿业权人勘查开采工作**
- **矿业权市场规则不断完善，进一步优化营商环境**

（一）矿产资源法制建设

69 《矿产资源法》修订通过

2024 年 11 月 8 日，《矿产资源法》经十四届全国人大常委会第十二次会议修订通过，自 2025 年 7 月 1 日起施行。

- 在立法思路上，实现由发展矿业到促进矿业高质量发展的根本性转变。
- 在矿业权配置方式上，实现由申请审批到全面竞争性出让为主的根本性转变。
- 在矿业权登记性质上，实现由“审批登记”到“物权登记”的根本性转变。
- 在矿业用地上，实现由矿业用地制度缺失到矿业用地多元化制度保障的根本性转变。
- 在生态修复要求上，实现由零星分散的生态保护规定到集成性生态修复制度的根本性转变。
- 在战略性矿产资源保护利用上，实现从个别环节到全链条保护的根本性转变。

70《能源法》正式出台施行

2024 年 11 月 8 日，第十四届全国人民代表大会常务委员会第十二次会议通过了《能源法》，自 2025 年 1 月 1 日起施行。

《能源法》从能源规划、能源开发利用、能源市场体系、能源储备和应急、能源科技创新、监督管理法律责任等方面完善了能源领域顶层设计，建立了能源高质量发展的长效机制。

建立综合能源发展新模式	打造能源交易市场体系	建立多元能源储备体系	健全监督管理制度
1. 增强石油、天然气国内供应保障能力，明确石油天然气开发坚持陆上与海上并重。 2. 鼓励规模化开发致密油气、页岩油气等非常规油气资源。	1. 推动建立功能完善、运营规范的市场交易机构或交易平台。 2. 拓展交易方式和交易产品范围，完善交易机制和交易规则。	1. 政府储备和企业储备相结合，实物储备和产能储备、矿产地储备相统筹。 2. 完善能源储备监管体制，加强能源储备信息化建设，建立能源预测预警体系。	1. 加强能源监管协同，提升监管效能，依需求建立能源监管信息系统。 2. 加强能源行业信用体系建设，建立信用记录制度。

《能源法》重点内容

71 经济社会发展全面绿色转型加快

2024 年 7 月 31 日，中共中央、国务院印发了《关于加快经济社会发展全面绿色转型的意见》，首次对加快经济社会发展全面绿色转型进行系统部署。

● 融入经济社会发展全局。到 2030 年，重点领域绿色转型取得积极进展；到 2035 年，绿色低碳循环发展经济体系基本建立。

● 加快重点领域转型。构建绿色低碳高质量发展空间格局，加快产业结构绿色低碳转型，稳妥推进能源绿色低碳转型、交通运输绿色转型、城乡建设发展绿色转型。

● 完善绿色转型政策体系。落实环境保护、节能节水、资源综合利用、新能源和清洁能源车船税收优惠，健全资源环境要素市场化配置体系，健全横向生态保护补偿机制，完善生态产品价值实现机制。

72 招标投标体制机制创新完善

2024 年 5 月 2 日，国务院办公厅发布了《关于创新完善体制机制推动招标投标市场规范健康发展的意见》。

- 完善招标投标制度体系。不得干涉招标人、投标人自主权，禁止在区域、行业、所有制形式等方面违法设置限制条件。
- 改进评标方法和评标机制。全面推广网络远程异地评标。推行隐藏投标人信息的暗标评审。
- 优化中标人确定程序。探索招标人从评标委员会推荐的中标候选人范围内自主研究确定中标人，实行定标全过程记录和可追溯管理。
- 加强评标专家全周期管理。建立评标专家日常考核评价、动态调整轮换等机制，实行评标专家对评标结果终身负责。

73《自然资源行政处罚办法》全面修订

2024年1月31日，新修订的《自然资源行政处罚办法》正式公布，自2024年5月1日起施行。

- 完善处罚种类。增加了“暂扣许可证件”“降低资质等级”“责令停产停业”作为新的处罚种类。将吊销测绘资质、吊销城乡规划资质等与现行规章中的吊销勘查许可证和采矿许可证合并，修改为“吊销许可证件”。

- 完善管辖规定。明确土地、矿产、城乡规划违法案件由不动产所在地的县级自然资源主管部门管辖。明确省级、市级自然资源主管部门管辖涉及下一级人民政府的自然资源违法案件。

74 矿业权人勘查开采信息公示制度进一步完善

2024 年 5 月 16 日，自然资源部印发了《矿业权人勘查开采信息管理办法》（自然资源部令第 13 号），自 2024 年 7 月 1 日起施行。

- 明确认定标准。将严重失信主体的认定标准聚焦在未履行矿产资源勘查开采法定义务并且已经依法受到较重行政处罚的违法行为。调整完善了异常名录制度，不再将列入异常名录作为严重失信主体认定的前提。

- 规范认定程序。作出列入严重失信主体名单的决定，应当遵守事前告知、听取陈述与申辩、作出决定并送达当事人等程序，充分保障矿业权人合法权益。整改后符合条件的，应当及时移出严重失信主体名单和异常名录。

- 增强操作便利。进一步精简和规范了矿业权人勘查开采信息填报公示范围，明确履行职责过程中产生的反映矿业权人勘查开采状况的管理信息、与勘查开采活动关联性不强的企业生产经营信息等不再要求矿业权人填报。

（二）政策供给与保障

75 鼓励地勘单位和矿山企业提供勘查区块

2024年7月2日，自然资源部办公厅印发了《关于鼓励地勘单位和矿山企业提供勘查区块建议 促进战略性矿产勘查的通知》。

● 鼓励提供战略性矿产勘查区块建议。鼓励地勘单位和矿山企业利用以往地质资料或结合正在开展的地质工作，向出让部门提出勘查区块建议。

● 加强区块建议核查。出让部门要对建议区域是否存在相关法律法规、国土空间规划和矿产资源规划禁止性、限制性规定组织核查，同时组织技术力量对提交的资料包进行研究，科学设置拟出让的探矿权区块。

● 做好勘查区块出让。鼓励地勘单位和矿山企业通过竞争方式获得探矿权。出让机关综合运用招标、拍卖、挂牌方式出让探矿权，探索将探矿权出让方式由挂牌为主转向招标等多种方式。

76 完善矿产资源开发利用水平调查评估

2024年2月1日，自然资源部印发了《矿产资源开发利用水平调查评估办法（试行）》。

● 加强调查数据质量管理。采取多种措施推动矿业权人如实、准确填报相关信息，加强对公示公开数据质量管理。充分结合勘查开采信息管理抽查核查工作开展调查评估数据质量核查。

● 建立责任追究机制。矿山企业对调查评估基础数据质量负主体责任。参与调查评估的自然资源主管部门应加强组织保障，做好宣传培训，保障工作经费，确保调查评估工作的常态化开展。

77 优化基础设施建设使用临时用地保障

2024 年 10 月，自然资源部办公厅印发了《关于进一步做好基础设施建设使用临时用地保障工作的通知》。

- 实施临时用地期限差异化管理。能源（含能源基础设施建设中的油气探采合一涉及的钻井及配套设施）、交通、水利等基础设施使用临时用地，首次申请使用期限不满四年的，用地单位可申请继续使用，总期限不超过四年。
- 优化复垦范围调整和方案审查要求。临时用地申请继续使用时，可以根据项目使用和复垦情况，将不再继续使用的部分扣除，按照缩减后范围办理审批手续。
- 加强临时用地服务支撑保障。地方各级自然资源主管部门要充分听取企业诉求，结合本地实际，进一步完善工作规定，优化临时用地审批管理，积极服务支撑基础设施建设。

78 完善自然资源要素保障

2024 年 12 月，《自然资源部 国家发展和改革委员会 国家林业和草原局关于印发〈自然资源要素支撑产业高质量发展指导目录（2024 年本）〉的通知》（自然资发〔2024〕273 号），将开发利用土地、矿产、森林、草原、湿地、海域等自然资源的新建、扩建、改建的建设项目和活动分为鼓励、限制和禁止三类。

- 鼓励类。在符合国土空间规划和用途管制的基础上可优先提供要素保障、优先办理相关手续。
- 限制类。必须符合规定的条件或标准，方可办理相关手续。
- 禁止类。凡列入禁止类或者采用所列工艺技术、装备、规模的项目，不得办理相关手续。

79 改进重大建设项目用地组卷报批

2024年2月，《自然资源部关于进一步改进优化能源、交通、水利等重大建设项目用地组卷报批工作的通知》（自然资发〔2024〕36号），为巩固和增强经济回升向好态势提供土地要素保障。

改进用地预审	不再对建设项目农用地转用和土地征收申请总面积超出用地预审总面积达到10%以及范围重合度低于80%的重新预审。
完善先行用地政策	细化先行用地范围，严格限制适用现行用地的建设项目类型。重大建设项目因地质条件复杂等施工难度大的，可根据实际需要确定先行用地规模。
优化农用地转用和土地征收审批	提早开展土地征收前期工作，及时组织申报土地征收，压缩用地组卷报批周期。对非农建设占补平衡实行差别化管控。
细化调整用地报批规则	明确调整用地管理权限，仅有国务院批准的专用项目调增占用永久基本农田、生态保护红线规模或征收耕地超过35公顷、其他土地超过70公顷的应报请国务院批准。

重大项目用地组卷报批工作要点

80 进一步规范天然气利用

2024年6月3日，国家发展改革委印发了《天然气利用管理办法》（2024年第21号令），自2024年8月1日起施行。明确天然气利用分类。将天然气利用分为优先类、限制类、禁止类和允许类。

- 优先类，为有利于保障国家能源安全和实现“双碳”目标、有利于产业结构优化升级，具有良好经济性和社会效益的天然气利用方向。对优先类用气项目，鼓励地方各级人民政府及相关部门在规划、用地、融资、财税等方面给予政策支持。
- 限制类，为不利于资源和能源节约，不利于产业结构优化升级的天然气利用方向。
- 禁止类，为不符合有关法律法规规定和《产业结构调整指导目录》（2024年本），需要采取政策措施予以淘汰的天然气利用方向。

81 促进招标投标领域公平竞争

2024年1月31日，国家发展改革委、工业和信息化部、住房和城乡建设部、交通运输部、水利部、农业农村部、商务部、国家市场监管总局8部门联合印发的《招标投标领域公平竞争审查规则》正式出台，自2024年5月1日起正式实施。

● 细化招投标领域公平竞争审查的具体规则。政策制定机关明确公平竞争审查负责机构、审查标准和审查流程，规范公平竞争审查行为。地方各级招标投标指导协调部门、招标投标行政监督部门应当建立招标投标市场壁垒线索征集机制。

● 保障经营主体公平参与投标活动。明确政策制定机关应当落实全国统一的市场准入条件，不得要求经营主体在本地区设立分支机构、缴纳税金社保或者与本地区经营主体组成联合体，不得要求经营主体取得本地区业绩或者奖项等。

专栏9 新疆推动矿业高质量发展

2024年9月13日，新疆维吾尔自治区人民政府办公厅印发了《关于推动矿业高质量发展的若干措施》的通知。

● 加大地质找矿支持力度。新疆维吾尔自治区财政对确实需要的找矿工作项目资金，足额列入预算予以保障。鼓励地（州、市）、县（市、区）财政出资开展地质找矿，带动社会资金同向发力、快速增储上产。

● 依法恢复政策性退出矿业权。如生态保护红线、自然保护地等限制或禁止性区域范围优化调整，原已注销的矿业权或缩减的区域不再与限制或禁止性区域重叠的，可予以恢复，原矿业权人可按规定向登记机关提出恢复申请。

● 建立地质找矿激励约束机制。建议区块成功出让给其他市场主体的，除返还实际调查投入资金外，还可给予出让收益成交价一定比例的资金补偿。

专栏 10 河北完善采矿权扩大矿区范围协议出让管理

2024 年 2 月 8 日，为规范已设采矿权深部或上部、周边、零星分散资源，以及属同一主体相邻矿业权之间夹缝区域矿业权协议出让审批登记。河北省自然资源厅印发了《采矿权扩大矿区范围协议出让暂行办法》。

- 明确已设采矿权深部或上部区域出让规则。拟扩大矿区范围地质工作程度能够满足采矿权设立要求的，申请协议出让采矿权；地质工作程度不能够满足采矿权设立要求的，完成深部或上部勘查工作后，协议出让采矿权。

- 明确已设采矿权周边、零星分散资源出让规则。拟扩大矿区范围地质工作程度能够满足采矿权设立要求的，申请协议出让采矿权；地质工作程度不能够满足采矿权设立要求的，申请协议出让探矿权。

- 明确同一主体相邻矿业权之间夹缝区域范围。协议出让范围限制在相邻矿业权之间 350 米以内（含 350 米）。

专栏 11 加强新一轮找矿突破战略行动装备建设

2024 年 4 月 20 日，自然资源部办公厅印发了《关于加强新一轮找矿突破战略行动装备建设的指导意见》。

- 明确我国找矿装备建设阶段性目标。到 2027 年，建立找矿装备升级、研发、推广和替换建设机制。到 2035 年，建成“星空地海井”现代化绿色勘查技术装备体系，装备水平整体达到国际一流水平。

- 加快构建统筹生态环境保护与找矿突破的现代化装备体系。充分盘活现有仪器设备，对仍具有一定使用价值的传统装备，加强技术改造和升级；加快“卡脖子”技术装备攻关，围绕矿产资源精细探测和绿色勘查需求，形成一批找矿装备研发清单。

（三）矿产资源绿色发展

82 更新《绿色产业指导目录》

2024 年 2 月 2 日，国家发展改革委会同有关部门修订形成了《绿色低碳转型产业指导目录（2024 年版）》（简称《目录》）。

● 细分重点产业类别。明确了节能降碳产业、环境保护产业、资源循环利用产业、能源绿色低碳转型、生态保护修复和利用、基础设施绿色升级、绿色服务等产业的细分类别和具体内涵。

● 推动绿色标准国际合作。鼓励金融机构在依法合规、风险可控、商业可持续的基础上，按照市场化、法治化原则，为符合《目录》要求的境内项目或活动及企业在共建“一带一路”国家等境外地区的项目或活动提供金融支持。

83 全面实施绿色勘查

2024年7月3日，自然资源部、国家林草局印发了《关于在新一轮找矿突破战略行动中全面实施绿色勘查的通知》。

● 健全绿色勘查标准体系。加快推动《绿色地质勘查工作规范》落实，细化形成符合本地实际的绿色勘查地方标准；强化勘查设计管理，在勘查实施方案中，对绿色勘查措施进行严格把关；明确项目实施要求。优先采用遥感、物探、化探等对环境影响小的地质勘查方法，必要的坑探、槽探、钻探、硐探要符合绿色勘查有关标准规范。

● 严格红线内绿色勘查要求。根据森林、草原、湿地、荒漠等不同场景采取针对性的绿色勘查方法和装备，在勘查实施方案中进行明确。涉及自然保护区、风景名胜区、饮用水水源保护区等区域，依照相关法律法规执行。

84 进一步加强绿色矿山建设

2024 年 4 月 16 日，自然资源部联合相关部门印发了《关于进一步加强绿色矿山建设的通知》。

● 明确绿色矿山建设定位。绿色矿山建设由建设少数优秀矿山转为全面推进，要求各地立足矿业发展实际，通过合同管理，分类施策，有序全面推进新建矿山、生产矿山开展绿色矿山创建。

● 严格第三方评估管理。明确了绿色矿山第三方评估经费由财政保障，严禁向矿山企业收费。对第三方评估机构的性质、人员组成提出了明确要求。制定了评估程序，提出了评估要求，细化了监督管理措施，建立了“黑名单”和责任追究机制。

● 完善绿色矿山管理机制。对绿色矿山名录实施动态管理，建立健全“有进有出”的动态管理机制。修订缩减完善了绿色矿山建设评价指标，由 100 项 1000 分缩减至 49 项 100 分，突出重点指标，切实提高了指标的适用性和可操作性。

85 细化生态环境分区管控管理

2024年7月8日，生态环境部印发了《生态环境分区管控管理暂行规定》。

- 明确各级管控方案制定发布规则。规定省级管控方案侧重协调性，市级管控方案侧重落地性，明确省、市两级方案包含的内容，建立了管控方案备案机制。

- 确立管控方案调整更新规则。每5年结合国民经济和社会发展规划、国土空间规划评估情况等进行定期调整。生态环境部制定工作方案，统一组织开展。同时按照“谁发布、谁更新”的原则，由地方人民政府组织实施动态更新工作，提出更新成果备案申请，分类履行更新备案程序。

专栏 12 《节能降碳技术装备推荐目录（2024 版）》介绍

为加快推广应用先进适用节能降碳技术装备，推动重点行业领域节能降碳，工业和信息化部发布《国家工业和信息化领域节能降碳技术装备推荐目录（2024 年版）》，该装备目录按照工业节能降碳技术和信息化领域节能降碳技术两大领域分类，其中工业节能降碳技术又分为 12 个行业。与石油天然气上游、石化领域相关的技术包括：

- 全重力平衡油气水处理一体化技术。
- 多能互补直流微电网及抽油机群控节能技术。
- 二氧化碳封存增压泵利用关键技术。
- 撬装智能二氧化碳驱油装备及驱油工艺技术。
- 基于云服务的智能化能碳一体管控技术。
- 基于工业互联网平台的智能化水管理技术。

附录 国内外油气资源大事记（2024年）

1月

三门峡盆地油气调查取得重大突破。中国地质调查局在三门峡盆地部署实施豫峡1井，24小时获自喷17.13立方米高产工业油流，实现了该区域50年来油气调查重大突破。

广西首个页岩气开发项目正式投产运营。1月25日，广西柳州柳城北首批页岩气压缩后运往CNG天然气站场，标志着广西首个页岩气开发示范项目成功投产运营。

川南超深层页岩气取得历史性突破。1月19日，川南首口超深层页岩气井测试获高产工业气流。泸226井是一口超深层页岩气评价井，完钻层位龙马溪组，垂深4324米，水平段长1500米，完钻井深6095米。

卡塔尔与孟加拉国签署15年天然气供应协议。协议规定，卡塔尔每年向孟加拉国供应100万吨液化天然气。合同自2026年1月起生效，期限15年。这是两国自2023年以来签署的第二份长期天然气供应协议。

2月

国家发展改革委等部门印发《绿色低碳转型

产业指导目录（2024年版）》。《目录》要求，各地方、各部门可根据各自区域、领域发展重点，以《目录》为基础，出台和完善有关政策措施，对生产、流通、消费等各环节给予鼓励支持，为相关产业发展创造良好环境。

渤中26-6油田新钻探井测试产能创新高。2月25日，渤海海域深层油气勘探再获发现——渤中26-6油田新增油气探明储量超4000万立方米，至此，该油田累计探明储量突破2亿立方米。

沙特阿拉伯宣布境内新发现五个大型天然气田。分别位于该国中部、北部和东部地区，其中沙顿天然气田日产量预计将达到2700万立方英尺[❶]，谢海卜天然气田日产量预计也将达到3100万立方英尺。沙特阿拉伯天然气日产量将超过1亿立方英尺（约合283.17万立方米）。

受武装冲突影响，苏丹石油日产量缩减一半以上。石油日产量由冲突爆发前的4.7万桶下降到不到2万桶。南苏丹石油过境苏丹并通过苏丹东部港口苏丹港出口目前运行正常，几乎未受到冲突影响。

3月

中国发现首个深水深层亿吨级油田。珠江口盆地的开平南油田探明油气地质储量达1.02亿吨油当量，发现井钻遇油气层100.6米，平均日产油气超过1000吨油当量。开平南油田为我国发现的首个深水深层大油田。

渤海中北部再获亿吨级油田。3月18日，中国渤海中北部海域再获亿吨级大发现——秦皇岛27-3油田，探明石油地质储量达1.04亿吨，这是该海域时隔10年再次获得重大油气发现。

❶1英尺＝0.3048米。

中国石化川西气田全面建成投产。四川盆地又一个千亿立方米大气田——中国石化川西气田全面建成投产，年产能预计达20亿立方米天然气、13万吨硫黄，将为西南地区及川气东送沿线提供更多能源保障。

塔里木油田深地塔科1井钻探深度破万米。3月4日，中国首口设计井深超万米的科学探索井——中国石油塔里木油田深地塔科1井钻探深度突破10000米，成为世界陆上第二口、亚洲第一口垂直深度超万米井。

沙特阿拉伯、俄罗斯、阿拉伯联合酋长国宣布二季度继续维持减产。沙特阿拉伯自2023年7月开始实施的日均100万桶的自愿减产措施将延长至今年6月底。俄罗斯第二季度将削减石油日均产量和出口量47.1万桶。阿拉伯联合酋长国将额外自愿减少石油产量16.3万桶/日的措施延长至2024年第二季度。

4月

自然资源部等七部门进一步加强绿色矿山建设。4月16日，自然资源部等七部印发《关于进一步加强绿色矿山建设的通知》，提出到2028年底，中国持证在产的90%大型矿山、80%中型矿山要达到绿色矿山标准要求，各地要结合实际，参照绿色矿山标准加强小型矿山管理。

自然资源部加强新一轮找矿突破战略行动装备建设。4月20日，自然资源部办公厅印发《关于加强新一轮找矿突破战略行动装备建设的指导意见》，提出积极推动绿色勘查工作，解决急需关键的技术装备问题，加快构建统筹生态环境保护与找矿突破的现代化装备体系，实现找矿突破高质量发展与生态环境高水平保护相结合，为保障国家能源资源安全提供有力支撑。

青藏高原首座储气库开工建设。青藏高原首座储气库——马北储气库在青海省全面开工，项目综合管控运行等工作同步启动。项目建成后，储气气源主要来自涩北等主力气田，设计工作气量 2.61 亿立方米。

中国海上第一深井正式投产。4 月 13 日，中国首口自主设计实施的超深大位移井——恩平 21-4 油田 A1H 井在珠江口盆地海域顺利投产，测试日产原油超 700 吨。该井钻井深度 9508 米，水平位移 8689 米，创造中国钻井水平长度纪录。

美众院通过“制裁中国购买伊朗石油”法案。4 月 15 日，美众院以“压倒性多数”通过了一项旨在“制裁中国购买伊朗石油”的法案，内容涵盖中国金融机构与受制裁伊朗银行之间用于购买石油和石油产品的所有交易。

中国石化与道达尔签署战略合作框架协议。根据协议，两家公司在现有合作基础上，利用双方的资源、技术、人才等优势，共同探索在油气勘探开发、天然气和 LNG、炼油化工、工程贸易及新能源等全产业链合作机会。

5 月

《矿业权人勘查开采信息管理办法》公布。5 月 16 日，自然资源部公布《矿业权人勘查开采信息管理办法》。《矿业权人勘查开采信息管理办法》共 30 条，明确了矿业权人勘查开采信息填报、公示、核查方面的具体要求，并着重对严重失信主体认定和矿业权人异常名录管理等进行了详细规定。《矿业权人勘查开采信息管理办法》将于 2024 年 7 月 1 日起施行。

金坛储气库工作气量突破10亿立方米。中国首座盐穴储气库——金坛储气库日供气能力达2700万立方米，创历史新高。年工作气量突破10亿立方米大关。

中企拿下伊拉克10个油气田勘探权。5月13日，伊拉克石油部披露中国石化、联合能源、中国海油和安东石油等7家中国企业赢得10个项目，其中包括8个油田和2个具有潜在油气储量的项目。

中国海油成功签署莫桑比克5个区块石油合同。5月25日，中国海油在莫桑比克成功签署5个海上区块石油勘探与生产特许合同，总面积约2.9万平方千米，水深500米至2500米。

6月

自然资源部发布行业标准《石油天然气工程项目用地控制指标》（TD/T 1099—2024）（简称《指标》）。《指标》修订了49项站场用地指标、调减接转站、天然气管道阀室3项用地指标，减少用地约31%。《指标》新设指标27项，调整细化用地指标19项。

国家发展改革委印发《天然气利用管理办法》。《天然气利用管理办法》提出，天然气利用分优先类、限制类、禁止类和允许类。对优先类用气项目，鼓励各地及相关部门在规划、用地、融资、财税等方面给予政策支持。《天然气利用管理办法》自2024年8月1日起施行，2012年10月14日发布的《天然气利用政策》同时废止。

中国首个页岩油水力压裂试验场正式建成。6月20日，在位于甘肃庆阳的国内两百万吨页岩油开发示范基地——庆城油田，水力压裂试验场顺利完成检查井现场取芯，标志着中国首个页岩油水力压裂试验场正式建成。

俄罗斯重新成为欧洲天然气最大供应国。英国安迅思公司数据显示，今年 5 月，欧洲从俄罗斯进口的天然气近两年来首次超过美国天然气，俄罗斯重新成为欧洲天然气最大供应国。欧洲联盟国家、英国、瑞士、塞尔维亚、波黑及北马其顿的天然气总供应量中，来自俄罗斯的天然气占 15%；美国天然气占上述地区供应量的 14%，为 2022 年 8 月以来最低水平。

7 月

自然资源部印发《关于鼓励地勘单位和矿山企业提供勘查区块建议 促进战略性矿产勘查的通知》。鼓励地勘单位和矿山企业利用以往地质资料或结合正在开展的地质工作，提出勘查区块建议。鼓励地勘单位和矿山企业通过竞争方式获得探矿权，探索将探矿权出让方式由挂牌为主转向招标等多种方式。

自然资源部、国家林草局印发《关于在新一轮找矿突破战略行动中全面实施绿色勘查的通知》。要求健全绿色勘查标准体系，在生态保护红线内实行更加严格的绿色勘查要求，加强项目场地生态环境保护和恢复。地勘单位和矿山企业要在新一轮找矿突破战略行动有关地质勘查项目实施中，优先采用遥感、物探、化探等对环境影响小的地质勘查方法，必要的坑探、槽探、钻探、硐探要符合绿色勘查有关标准规范。在森林、草原、湿地地区尽可能减少使用坑探、槽探，鼓励使用以钻代槽、一基多孔等探矿手段。

自然资源部印发《矿产资源（非油气）开发利用方案编制指南》。申请采矿权新立登记、采矿权扩大矿区范围变更、开采主矿种变更、开采方式变更的，应按照要求编制矿产资源开发利用方案。自然资源主管部门要加强对审查工作的管理，审查单位应明确审查程序、审查制度、审查人员及专业等，聚焦矿区范围科学合理设置、资源合理开采和节约集约利用，严把审查质量，提高审查效率。

国家能源局发布《中国天然气发展报告（2024）》（简称《报告》）。《报告》指出，2023 年天然气消费量达 3945 亿立方米，同比增长 7.6%。中国天然气（含页岩气、煤层气）新增探明地质储量达 1.2 万亿立方米；天然气产量达 2324 亿立方米，连续 7 年增产超百亿立方米；非常规天然气产量突破 960 亿立方米，占天然气总产量的 43%。中国进口天然气 1656 亿立方米，同比增长 9.9%。

中原油田获得重要油气发现。在葛岗集洼陷带部署实施的马 3001 斜井日产油量高达 62.8 立方米，日产气量达 4.32 万立方米，油当量 106.0 立方米，标志着东濮老区近洼油气勘探取得了重大突破。

中国最大页岩气生产基地产气突破 800 亿立方米。截至 6 月 28 日，中国石油川南页岩气田累计产气 801.9 亿立方米，成为中国首个累产气突破 800 亿立方米的页岩气田。川南页岩气田发现了国内首口测试产量超百万立方米的深层页岩气井——泸 203 井。

科威特石油公司发现新油气储量。新发现的储量分布科东部海域费拉卡岛附近的努哈萨油田约 96 平方千米的面积内，主要为轻质油和伴生气，其中包括 21 亿桶轻质油和 5.1 万亿标准立方英尺天然气，相当于该国三年内的全部石油产量。

8 月

中共中央、国务院印发《关于加快经济社会发展全面绿色转型的意见》。到 2030 年，节能环保产业规模达到 15 万亿元左右；非化石能源消费比例提高到 25% 左右；营运交通工具单位换算周转量碳排放强度比 2020 年下降 9.5% 左右；大宗固体废弃物年利用量达到 45 亿吨左右等。

南海探获全球首个超深水超浅层大型气田。8 月 7 日，经有关部门评审，中国海油陵水 36–1 气田新增天然气探明地质储量超 1000 亿立方米，为全球首个超深水超浅层大型气田。至此，中国海油在南海北部莺歌海、琼东南、珠江口三个盆地累计探明天然气地质储量超过 1 万亿立方米。

乌克兰将从明年 1 月 1 日起停止俄石油和天然气过境运输。俄罗斯天然气工业股份公司与乌克兰天然气公司之间关于向欧洲转运天然气的合同将于 2024 年底到期，乌克兰方面近期多次表示不会延长这一合同。

9 月

中国矿业权评估师协会油气资源储量评估专业委员会在京成立。新成立的油气资源储量评估专委会是我国油气资源储量行业自律组织，其宗旨是结合矿业权评估师职业资格制度，通过联合油气资源勘查开采领域从事油气储量评估 / 估算、储量报告编写等相关工作的个人和机构，构建符合社会主义市场经济要求和国际规范的资源储量市场服务体系。

中国首次在超深水碳酸盐岩勘探领域取得重大突破。中国海油在珠江口盆地荔湾 4–1 钻获一口天然气井，测试日产天然气无阻流量 43 万立方米，完钻井深近 4400 米，在水平段钻遇气层约 650 米，展现了我国超深水天然气领域勘探广阔的前景。

中国首个深水油田二次开发项目投产。9月19日，流花11-1/4-1油田二次开发项目在珠江口盆地海域正式投产，标志我国成功开创深水油田经济高效开发的全新模式，深水装备设计、建造和安装能力达到世界一流水平。

国际油价三年来首次跌破70美元。9月10日，国际主要基准原油价格跌至每桶70美元，这是油价自2021年底以来首次跌至这一价位。布伦特原油价格当日下跌超过3%，至每桶70美元以下。

10月

胜利济阳页岩油国家级示范区取得重大成果。示范区投产94口页岩油水平井，其中36口页岩油井峰值日产油超百吨，单井峰值日产油262.8吨。示范区已落实页岩油资源量105亿吨，控制预测储量17.3亿吨，日产油达1600吨，累计产油突破80万吨。

西气东输四线首段工程建成投产。该项目为国家“十四五”石油天然气发展规划重点项目。西气东输四线全长583千米，起自新疆乌恰县，经轮南、吐鲁番至宁夏中卫，是又一条东西走向的能源战略通道。其中，率先投产的吐鲁番到哈密段设计压力12兆帕，年设计输气量达150亿立方米。

土耳其跃居欧洲第四大天然气市场。土耳其能源与自然资源部部长称，土耳其的天然气消费量已超过500亿立方米，这标志着其战略能源基础设施的显著增强。

11月

《能源法》2025年1月1日起施行。11月8日，十四届全国人大常委会第十二次会议表决通过《能源法》。《能源法》共 9 章，包括总则、能源规划、能源开发利用、能源市场体系、能源储备和应急、能源科技创新、监督管理、法律责任和附则，共 80 条。

新修订的《矿产资源法》自 2025 年 7 月 1 日起施行。《矿产资源法》共 8 章 80 条，包括总则，矿业权，矿产资源勘查、开采，矿区生态修复，矿产资源储备和应急，监督管理，法律责任，附则。

中国最深地热科学探井正式完工。11 月 6 日，由中国石化在海口市部署实施的国内首口超 5000 米深层地热科学探井——福深热 1 井正式完工。该井深达 5200 米，在地下 4615 ~ 5200 米发现了超过 188 摄氏度的高温地热资源。

中国首个国家级陆相页岩油示范区年产量破百万吨。11 月 26 日，新疆吉木萨尔国家级陆相页岩油示范区 2024 年累计页岩油产量突破 100 万吨。该示范区 4 年里产能提升了近 3 倍，为页岩油的规模效益开发积累了经验。

主要产油国宣布延长自愿减产措施至 12 月底。石油输出国组织（欧佩克）11 月 3 日发表声明说，将原定 11 月底到期的日均 220 万桶的自愿减产措施延长至 12 月底。沙特阿拉伯、俄罗斯、伊拉克、阿拉伯联合酋长国、科威特、哈萨克斯坦、阿尔及利亚和阿曼 8 个“欧佩克 +”成员国重申了完全遵守自愿减产目标的决心。

12 月

中俄东线天然气管道全线贯通。12 月 2 日，国家管网集团发布消息，我国单管输气量最大的天然气管道——中俄东线天然气管道全线贯通，年输气能力增至 380 亿立方米。中俄东线北起黑龙江黑河，南至上海，全长 5111 千米，分北段（黑龙江黑河—吉林长岭）、中段（吉林长岭—

河北永清）、南段（河北永清—上海）三段核准建设。本次投产通气的南通—角直段，是中俄东线南段（永清—上海）最后一段新建管道。

国家发展改革委印发《关于完善成品油管道运输价格形成机制的通知》。通知基于成品油管道运输特性，按照“准许成本加合理收益”的原则核定最高准许收入，国家石油天然气管网集团在不超过最高准许收入的前提下，与用户协商确定跨省管道运输具体价格。

中国海上首个多层稠油热采开发项目投产。中国海油锦州 23-2 油田多层稠油热采开发项目投产，油田计划投产开发 67 口井，预计高峰日产原油约 2600 吨。

涪陵页岩气田探明储量突破万亿立方米。12 月 12 日，经自然资源部评审，中国石化涪陵页岩气田新增 1213.56 亿立方米探明地质储量，至此，涪陵页岩气田累计提交探明地质储量达 10188.8 亿立方米。涪陵页岩气田于 2014 年 3 月投入商业开发以来，已累计生产页岩气超 700 亿立方米。

欧佩克再将“增产”计划推迟三个月。12 月 5 日，石油输出国组织（欧佩克）宣布，沙特阿拉伯、俄罗斯、伊拉克、阿拉伯联合酋长国、科威特、哈萨克斯坦、阿尔及利亚和阿曼将把 2023 年 11 月启动的每日 220 万桶自愿减产措施延长三个月，至 2025 年 3 月底。

普京延长石油禁供措施。俄罗斯总统普京 12 月 13 日签署总统令，宣布把针对俄石油和石油产品设置价格上限的反制措施延长至 2025 年 6 月 30 日。普京 2022 年 12 月 27 日签署总统令，要求禁止向在合同中直接或间接使用设置价格上限机制的外国法人和个人供应俄石油和石油产品。